走进大学
DISCOVER UNIVERSITY

什么是法医学？

WHAT IS FORENSIC MEDICINE？

丛 斌 主审
李淑瑾 主编
文 迪 王 茜 刘 霞 齐 倩 副主编

大连理工大学出版社
Dalian University of Technology Press

图书在版编目(CIP)数据

什么是法医学？/ 李淑瑾主编. -- 大连：大连理工大学出版社，2025.2. -- ISBN 978-7-5685-5252-3
Ⅰ.D919-49
中国国家版本馆 CIP 数据核字第 2024DH1846 号

什么是法医学？　SHENME SHI FAYIXUE?

出　版　人：苏克治
策划编辑：苏克治
责任编辑：王　伟
责任校对：李舒宁
封面设计：奇景创意

出版发行：大连理工大学出版社
　　　　　（地址：大连市软件园路80号，邮编：116023）
电　　话：0411-84707410　0411-84708842（营销中心）
　　　　　0411-84706041（邮购及零售）
邮　　箱：dutp@dutp.cn
网　　址：https://www.dutp.cn

印　　刷：辽宁新华印务有限公司
幅面尺寸：139mm×210mm
印　　张：5.625
字　　数：93千字
版　　次：2025年2月第1版
印　　次：2025年2月第1次印刷
书　　号：ISBN 978-7-5685-5252-3
定　　价：39.80元

本书如有印装质量问题，请与我社营销中心联系更换。

出版者序

高考,一年一季,如期而至,举国关注,牵动万家!这里面有莘莘学子的努力拼搏,万千父母的望子成龙,授业恩师的佳音静候。怎么报考,如何选择大学和专业,是非常重要的事。如愿,学爱结合;或者,带着疑惑,步入大学继续寻找答案。

大学由不同的学科聚合组成,并根据各个学科研究方向的差异,汇聚不同专业的学界英才,具有教书育人、科学研究、服务社会、文化传承等职能。当然,这项探索科学、挑战未知、启迪智慧的事业也期盼无数青年人的加入,吸引着社会各界的关注。

在我国，高中毕业生大都通过高考、双向选择，进入大学的不同专业学习，在校园里开阔眼界，增长知识，提升能力，升华境界。而如何更好地了解大学，认识专业，明晰人生选择，是一个很现实的问题。

为此，我们在社会各界的大力支持下，延请一批由院士领衔、在知名大学工作多年的老师，与我们共同策划、组织编写了"走进大学"丛书。这些老师以科学的角度、专业的眼光、深入浅出的语言，系统化、全景式地阐释和解读了不同学科的学术内涵、专业特点，以及将来的发展方向和社会需求。希望能够以此帮助准备进入大学的同学，让他们满怀信心地再次起航，踏上新的、更高一级的求学之路。同时也为一向关心大学学科建设、关心高教事业发展的读者朋友搭建一个全面涉猎、深入了解的平台。

我们把"走进大学"丛书推荐给大家。

一是即将走进大学，但在专业选择上尚存困惑的高中生朋友。如何选择大学和专业从来都是热门话题，市场上、网络上的各种论述和信息，有些碎片化，有些鸡汤式，难免流于片面，甚至带有功利色彩，真正专业的介绍尚不多见。本丛书的作者来自高校一线，他们给出的专业画像具有权威性，可以更好地为大家服务。

二是已经进入大学学习，但对专业尚未形成系统认知的同学。大学的学习是从基础课开始，逐步转入专业基础课和专业课的。在此过程中，同学对所学专业将逐步加深认识，也可能会伴有一些疑惑甚至苦恼。目前很多大学开设了相关专业的导论课，一般需要一个学期完成，再加上面临的学业规划，例如考研、转专业、辅修某个专业等，都需要对相关专业既有宏观了解又有微观检视。本丛书便于系统地识读专业，有助于针对性更强地规划学习目标。

三是关心大学学科建设、专业发展的读者。他们也许是大学生朋友的亲朋好友，也许是由于某种原因错过心仪大学或者喜爱专业的中老年人。本丛书文风简朴，语言通俗，必将是大家系统了解大学各专业的一个好的选择。

坚持正确的出版导向，多出好的作品，尊重、引导和帮助读者是出版者义不容辞的责任。大连理工大学出版社在做好相关出版服务的基础上，努力拉近高校学者与

读者间的距离,尤其在服务一流大学建设的征程中,我们深刻地认识到,大学出版社一定要组织优秀的作者队伍,用心打造培根铸魂、启智增慧的精品出版物,倾尽心力,服务青年学子,服务社会。

"走进大学"丛书是一次大胆的尝试,也是一个有意义的起点。我们将不断努力,砥砺前行,为美好的明天真挚地付出。希望得到读者朋友的理解和支持。

谢谢大家!

苏克治
2021 年春于大连

前　言

"凡立法、司法、行政三界以至全社会无不有需于法医学",我国近代法医学奠基人林几教授如是说。法医学作为国家医学,在服务国家行政司法机关、维护司法公正和国家安全领域发挥着不可替代的作用。丛斌院士指出:"现代法医科学涉及刑事、民事、行政、立法、灾难、暴恐等六个领域近百种事件,其支撑领域和解决的涉法专门性问题越来越广泛,对我国司法审判实践的贡献越来越大。"

《什么是法医学?》旨在为读者提供一个全面、系统的法医学知识框架,为高中生提供选择专业的参考。我们将从法医学的定义、研究对象、任务和意义出发,探讨法

医学的各个分支学科,包括法医病理学、法医物证学、法医临床学、法医毒物学和法医精神病学等。每个分支学科都拥有其独特的研究对象和任务,共同为司法实践提供科学依据。

我们将穿越时空,回顾法医学的发展历程,从我国古代的《封诊式》到宋慈的《洗冤集录》,再到现代DNA指纹技术的应用,见证法医学如何一步步走向科学化、规范化。同时,我们将介绍法医学司法鉴定体制,包括鉴定人的权利和义务以及鉴定程序等,让读者了解法医学在司法实践中的应用。

此外,本书还将介绍我国法医学高等教育的发展历程,从晋祠会议到一级学科建设,展现法医学人才培养模式的不断进步。同时,我们将比较中外法医学教育模式的差异,为读者呈现多元化的教育体系;并通过介绍法医学专业学生毕业后的就业方向,让读者了解法医学专业的广阔前景。

在编写本书的过程中,我们力求内容的准确性、科学性和实用性,但由于法医学是一个不断发展的领域,加之编者水平有限,书中难免存在不足之处,恳请广大读者和同行不吝赐教。

最后，我们要感谢所有为法医学发展做出贡献的前辈和同行，是他们的智慧和努力，让法医学成了今天我们所了解的样子。我们也希望本书能够成为连接过去与未来、传承法医学知识的桥梁。

让我们一起揭开法医学的神秘面纱，探寻它在现代社会中的重要地位和价值。

主　编
2025 年 2 月

目 录

医学与法律的交响——探寻法医学的奥秘 / 1

法医学的定义 / 1

法医学的研究对象 / 2

现场 / 3

尸体 / 3

活体 / 4

物证 / 5

法医学的任务和意义 / 6

在诉讼案件的审理中提供科学证据 / 6

在公共安全事件的处理中提供科学依据 / 7

在行政机关和社会组织处理相关事务中提供依据 / 8

法医学的分支学科 / 8

法医病理学 / 8

法医物证学 / 9

法医临床学 / 9

法医毒物学 / 10

法医精神病学 / 11

法医学与医学 / 11

法医学与法庭科学 / 13

法医学与法学 / 14

历史的织锦，正义的织线——法医学发展简史 / 17

我国法医学发展简史 / 17

世界最早的法医学记录——《封诊式》/ 17

三国时期经典判案——张举烧猪 / 19

首例利用昆虫生物特性破获的案件——晒镰案 / 21

世界法医学鼻祖——宋慈 / 24

世界第一部系统的法医学著作——《洗冤集录》/ 26

我国现代法医学奠基人——林几 / 27

国外法医学发展简史 / 29

公元前后国外法医学的萌芽——恺撒大帝之死 / 29

欧洲法医学的起点——《加洛林刑法典》/ 30
欧洲法医学先驱——巴雷 / 32
欧洲第一部系统的法医学著作——《论医生的报告》/ 33
欧洲法医学之父——查克其亚 / 33
神奇的 DNA 指纹 / 34

法医学的缤纷谱系——法医学分支学科 / 36

法医病理学 / 36
法医病理学的研究对象 / 36
法医病理学的基本任务 / 37
法医病理学的基本技术 / 39
典型案例 / 40

法医临床学 / 50
法医临床学的研究对象 / 51
法医临床学的基本任务 / 56
法医临床学的基本技术 / 58
典型案例 / 60

法医物证学 / 71
法医物证学的研究对象 / 71
法医物证学的基本任务 / 72
法医物证学的基本技术 / 74

典型案例 / 77

法医毒物学 / 94
　　法医毒物学的研究对象 / 94
　　法医毒物学的基本任务 / 94
　　法医毒物学的基本技术 / 95
　　法医毒物学的临床检验 / 101

正义之镜——法医学司法鉴定 / 121

法医学司法鉴定概述 / 121
　　法医学司法鉴定的概念 / 121
　　法医学司法鉴定的种类 / 122
　　法医学司法鉴定的原则 / 123

法医学司法鉴定体制 / 125
　　我国法医学司法鉴定体制 / 125
　　国外法医学司法鉴定体制 / 127

法医学司法鉴定人 / 130
　　法医学司法鉴定人的条件 / 131
　　法医学司法鉴定人的权利 / 131
　　法医学司法鉴定人的义务 / 132
　　法医学司法鉴定人的职业道德 / 133

法医学司法鉴定程序 / 133
　　法医学司法鉴定的委托 / 134

法医学司法鉴定的受理 / 134
法医学司法鉴定的实施 / 135
法医学司法鉴定意见 / 136

培育正义使者的殿堂——法医学高等教育 / 137

我国法医学教育模式 / 137

晋祠会议——我国现代法医学高等教育的第一个里程碑 / 137

一级学科1012——我国现代法医学高等教育第二个里程碑 / 139

国内开设法医学本科专业的院校 / 140

法医学本科教育培养方案及课程设置 / 142

法医学研究生教育 / 143

国外法医学教育模式 / 145

德国 / 146

英国 / 147

美国 / 147

日本 / 148

我国法医学司法鉴定执业资格的取得途径 / 148

法医学专业学生毕业后的就业方向 / 149

参考文献 / 151

"走进大学"丛书书目 / 157

医学与法律的交响——探寻法医学的奥秘

法医学不仅仅是寻找死因，更是为了揭示真相。

——弗朗西斯科·托雷斯（Francisco Torres）

▶▶法医学的定义

法医学是研究并解决与法律有关的人身损害、死亡、身份鉴识等问题，为刑事侦查提供线索，为审判提供证据的鉴识性医学学科。法医学是为立法、司法、其他社会管理事项提供科学技术支撑的鉴识性医学学科，是国家医学，而不是防病、治病等的诊治性医学学科。

法医学涉及的领域包括刑事案件、民事案件、行政事务、立法、灾难事故、暴恐案件等。如刑事案件中的杀人、

伤害、强奸、非法行医、医疗事故、非法输血、投毒、贩毒、制毒、吸毒、拐卖、虐待妇女儿童、酒驾、交通肇事、刑事责任能力认定、生产销售假冒伪劣商品罪、食品安全犯罪、制售假药罪、人身损害赔偿等；民事案件中的财产继承、离婚、抚养关系认定、医疗纠纷、精神损害赔偿、保险理赔、交通事故、亲缘关系认定、民事行为能力认定等；行政事务中的食物中毒、医疗纠纷、工伤鉴定、伤残等级评定、职业病鉴定、食品安全行政处罚等；立法中的刑法、民法、行政法、民事诉讼法、刑事诉讼法、行政诉讼法、证据法、司法鉴定法、卫生法、保险法、产品质量法、食品安全法等；火灾、水灾、地震、空难、海啸、矿难、战争、爆炸、交通事故等灾害事故鉴定及重大传染病防控等；生物恐怖袭击、化学恐怖袭击、爆炸、纵火、暴乱等暴恐案件中的尸体检验、死者身份识别、案件中角色的判定、暴恐分子身源确定、暴恐分子使用武器确认等，这些社会领域的近百种事件需要法医学技术提供线索和证据。因此，法医学在我国社会主义法治建设、维护社会公平正义和国家公共安全中发挥着不可替代的重要作用。

▶▶法医学的研究对象

法医学的研究对象主要有现场、尸体、活体、物证等。

➡➡现场

涉及人身伤害或人身死亡案件的现场是法医学的重要研究对象,无论是刑事案件现场、意外事故现场还是自然灾害现场,只要出现人身伤亡,都是法医学的研究对象。现场不仅是指案发现场,还包括犯罪分子准备作案的场所、作案后隐藏作案工具或处理其他罪证的场所等。

现场勘查是收集证据的重要措施,也是案件诉讼行为的一部分。在刑事案件、民事案件、灾害及意外事故、交通事故等发生后,为了查明死因、事件真相或犯罪事实等情况,法医及相关技术人员运用现代科技手段,在现场通过对尸体、微量物证、生物物证、痕迹物证等进行检验认定,初步判断案件的性质、犯罪动机和目的,判断作案时间、手段和方法,推断犯罪嫌疑人的生理特征和职业特点等,为确定侦查方向和缩小侦查范围提供重要依据。

➡➡尸体

尸体是法医学领域最常见、最重要的研究对象之一。《中华人民共和国刑事诉讼法》中明确规定,对于死因不明的尸体公安机关有权决定解剖。《人民检察院法医工作细则(试行)》规定法医尸体检验的对象包括:涉及刑事案件,必须经过尸体检验方能查明死因的尸体;被监管人

员中非正常死亡的尸体；在重大责任事故案件中死亡，需要查明死因的尸体；医疗责任事故造成死亡，需要查明死因的尸体；体罚、虐待被监管人员，刑讯逼供，违法乱纪致人死亡，需要查明死因的尸体；被控告人申诉案件中涉及人身死亡，需要查明死因的尸体；以及其他需要检验的尸体。

法医学尸体检验的目的包括：判断死亡的原因，推断死亡时间；确定暴力死或非暴力死；判断死亡方式（自杀、他杀、意外）；确定损伤部位、形状、程度；鉴别生前伤或是死后伤；推断致伤物的种类和致伤方式；确定是否为中毒死；有无疾病及其与死因的关系等。对于无主尸体或碎尸，还需进行个体识别和身份溯源，如推断年龄、性别、职业、民族及其他个体特征，为犯罪侦查、案件审理、解决医疗纠纷等提供科学证据。

➡➡**活体**

作为法医学鉴定对象的活体包括被害人、被告人、身份不明的个体等。我国法律规定，为了确定被害人、被告人的某些特征，以及伤害情况、生理或病理状态，可以对其人体进行检查。法医活体检查主要解决的问题有：根据人体损伤的部位、形态特征、修复程度等，确定损伤的原因与性质，推断损伤形成的机制、致伤物和致伤方式，判断损伤时间等，为侦查部门提供破案的线索；根据损伤后果（原发损伤、合并症及后遗症）所致组织结构破坏和（或）器官功能障碍程度、躯体或容颜形态毁损程度评定损伤的程度，为刑事责任的认定提供科学依据；根据临床治疗终结后损伤所致劳动能力丧失或残疾的程度，依据相关鉴定标准对其劳动能力丧失程度或残疾程度进行判定，为工伤、交通事故、医疗损害、意外伤害等的民事赔偿和保险理赔提供科学依据。活体检验还包括对疾病诊断、生理机能、病理机能的检测，对精神状态的判断和个体识别等。

➡➡物证

物证是指能证明案件真实情况的一切物品及痕迹。其特点是以物品的外部特征、物质属性及它所处的位置，来反映一定的案件事实。根据物证客观存在形式和特性的不同，物证可分为物品物证、痕迹物证、文书物证、音像物证、化学物证、生物物证等，其中生物物证是法医学的研究对象，又称法医物证。

法医物证是指与人体、动物、植物、微生物有关的生物检材，包括人体的血液、唾液、精液、阴道分泌物、乳汁、

羊水、尿液、鼻涕及其形成的斑痕,毛发、指甲、牙齿、骨骼、肌肉组织等,以及动物、植物、微生物等。法医物证属于科学证据,因为法医物证鉴定对科学技术有很强的依赖性:法医物证的发现、提取和检验需要运用科学技术来完成,其与案件事实之间是否具有相关性必须用科学理论来解读。例如,要想确认案发现场发现的血痕是否是犯罪嫌疑人所留,必须应用科学技术检测技术,比对现场血痕与犯罪嫌疑人血痕的 DNA 分型是否匹配,并通过同一认定理论进行分析,才能得出明确的鉴定意见。

▶▶法医学的任务和意义

法医学属于国家医学,在依法治国、法治国家建设中发挥着不可替代的作用。法医学鉴定的主要任务是为案件侦查提供线索,为案件审判提供证据,为一些社会公共安全事件的处理提供科学依据,为国家立法和制定法律法规等提供技术咨询等。

➡➡在诉讼案件的审理中提供科学证据

在刑事案件侦查、起诉、审判的全部诉讼过程中,凡是涉及人身损伤、死亡、物证的检验鉴定,均应指派或聘请法医勘查现场、检验尸体(或活体)及人体物证等,并就案件的事实、性质、作案手段、伤亡原因、伤亡时间、伤亡方式或致伤物种类以及个人识别等问题进行鉴定,提供鉴定意见,为案件侦破提供线索,为起诉和审判提供科学证据,也可排除嫌疑人或被告人,保护公民的合法权益。

在民事纠纷案件中,如果涉及人身伤亡,如猝死、与人争吵后受伤或死亡等,需进行法医学鉴定以查明死因和死亡性质,或对活体损伤的程度与后果、劳动能力、性功能和亲子关系,以及生理、病理、精神状态等进行鉴定,为公安、司法机关正确处理民事纠纷提供科学依据。

在行政诉讼案件中,若涉及行政机关工作人员、执法和司法人员的某些行为,特别是限制公民或法人人身自由的行为,一旦引起或诱发人身伤害或死亡,就需要进行法医学鉴定,为案件审判提供科学证据。

➡➡在公共安全事件的处理中提供科学依据

公共安全事件是指突然发生、造成或可能造成严重社会危害,需要采取应急处置措施予以应对的自然、事故灾难、公共卫生事件和社会安全事件。例如地震、洪水、海啸等自然灾害造成的人身伤亡,以及工农业生产生活中发生的火灾、爆炸、车祸、空难、中毒等事故灾难造成的人身伤亡,需要法医检验查明人员伤亡情况、死伤原因、

对死者进行个体识别和身源认定，为善后处理提供科学依据，为预防事故和灾害的发生提出建议。又如，当发生突发重大传染病、群体性不明原因疾病、食物和职业中毒等公共卫生事件时，法医检验有助于尽早发现疾病病因，为防疫和疾病治疗提供有价值的法医病理诊断依据。此外，恐怖袭击、经济安全事件、涉外突发事件等社会安全事件也需要法医学提供相关的科学依据和处理建议。

➡➡在行政机关和社会组织处理相关事务中提供依据

法医学检验为处理医疗纠纷、判断医疗事故及责任程度提供科学依据，也可为保险公司理赔及准确履行保险赔偿提供依据，还为国家机关、企事业单位为伤残职工发放抚恤金提供科学依据。

▶▶法医学的分支学科

法医学学科主要设有以下二级学科方向：法医病理学、法医物证学、法医临床学、法医毒物学和法医精神病学。

➡➡法医病理学

法医病理学是研究与法律有关的人体损伤、死亡、损伤与疾病相互关系及死后尸体变化规律的法医学分支学科。研究对象是尸体和离体器官组织。研究内容包括尸体现场勘查、尸体解剖、尸体挖掘、死因分析、死亡及损伤经过时间、死亡方式、成伤机制及致伤物推断；损伤与疾病相互作用引起死亡的生物学机制等。法医病理学的三级学科研究方向主要有法医解剖病理学、法医损伤学、法医尸体影像学、法医尸体组学、法医昆虫学、法医人类学、法医现场学等。

➡➡法医物证学

法医物证学是研究并解决生物物证鉴定的法医学分支学科。研究对象主要是案件中的法医生物物证检材，通过检验和分析检材中DNA等遗传标记，为司法提供科学证据。法医物证学研究内容包括微量、降解、混合生物检材的个体识别，亲子及亲缘关系鉴定，系谱分析，祖先地理族源溯源，等等。法医物证学的三级学科研究方向主要有法医基因组学、法医转录组学、法医遗传学、法医系谱学、法医微生物学、法医动物学、法医植物学等。

➡➡法医临床学

法医临床学是研究与法律相关的个体由于各种原因所致的损害与损害后果、病理及生理状况等医学证据的法医学分支学科。法医临床学以活体为主要研究对象。

研究内容包括：活体的致伤方式、损伤形成时间、损伤机制、损伤与疾病关系、损害赔偿等；个体病理与生理状况的客观检查与定量评估，如躯体运动功能障碍、视觉功能、听觉功能、中枢及周围神经系统功能的客观评估；活体的个体识别问题，如活体的年龄推断；司法鉴定中人体损伤程度、残疾及劳动能力丧失程度评定，诈病、诈伤鉴别，与法律责任年龄有关的个体年龄推断，性侵害与虐待检验，保外就医疾病及残疾的检验与评定；等等。法医临床学的主要三级学科研究方向有法医影像学、法医听力学、法医眼科学、法医牙科学、赔偿法医学等。

➡➡法医毒物学

法医毒物学是研究由毒物、毒品引起的自杀、他杀、意外或灾害事故中有关证据问题的法医学分支学科。研究对象是毒品、毒物、人体（尸体及活体）。研究内容主要包括研究毒物、毒品来源、性质，毒物、毒品定性和定量检测，体内过程（毒物的吸收、分布、代谢和排泄规律），毒理机制，毒性作用评价及其与生物体中毒与死亡原因的关系，以及毒品成瘾和戒断。法医毒物学的三级学科研究方向主要有法医毒物分析，毒物、毒品快速检测技术，法医毒理学，法医毒物动力学，法医毒物代谢组学，环境法医学，等等。

➡➡法医精神病学

法医精神病学是研究与法律相关的精神障碍和精神卫生问题的法医学分支学科。法医精神病学以精神医学理论为基础,以法学理论为指导,对与法律有关的精神行为及状态进行系统研究和鉴定。研究对象是疑似有精神性疾病的活体。研究目的是采用法医精神病学的专业理论与鉴定技术,对疑似精神病人的精神状态、法定能力、精神损伤及精神伤残等问题进行评定,为刑事、民事和行政诉讼案件的侦查和审判活动提供科学证据。研究内容主要包括评定刑事案件中当事人的精神状态、刑事责任能力、受审能力、服刑能力、性自我防卫能力及作证能力;评定民事案件中诉讼当事人的行为能力、诉讼能力及精神伤残等级;参与精神卫生立法,研究精神病人权益的法律保障与监护制度,对罪犯进行心理及行为矫正;等等。法医精神病学的三级学科研究方向主要有精神障碍与违法行为关系学、法医心理学、监狱精神病学、矫治精神病学等。

▶▶法医学与医学

医学是研究人类生命活动和外界环境的相互关系、人类疾病的发生、发展及其防治的一门科学体系。我国本科专业目录中,医学门类下设置有基础医学、临床医

学、口腔医学、公共卫生与预防医学、中医学、中西医结合、药学、中药学、法医学、护理学、医学技术等分支学科。法医学作为医学门类的一级学科,具有独特且完备的科学技术体系,其本质是鉴识性医学学科。法医学的发展和完善与医学各学科的进步息息相关,同时法医学自身的成就也丰富了医学和相关自然学科的内容。

基础医学是研究人体的正常形态、结构、功能与活动规律,以及疾病状态下的生理功能变化及其机制的学科群。只有掌握正常人体与患病机体的生命活动规律,才能深刻认识疾病、损伤及死亡的发生、发展规律,才能更好地解决法医实践中的问题。基础医学研究的成果,为法医学的发展提供了新理论和新技术,法医学鉴定中遇到的问题成为基础医学研究的新课题。与法医学密切相关的基础医学学科有人体解剖与组织胚胎学、病理学与病理生理学、人体生理学、医学生物化学、医学遗传学、免疫学、微生物学、药理学等。

临床医学是研究、诊断和治疗疾病的学科群,包括内科学、外科学、儿科学、妇产科学、皮肤病学、眼科学、口腔科学、耳鼻喉科学、精神病学等应用学科。法医学知识体系几乎涉及临床医学的所有学科。法医学的发展与临床医学的发展密切相关,特别是医学检验新技术的开发和利用,不仅提高了临床诊疗水平,也为法医学鉴定提供了更加精确、客观的检验技术,促进了法医学的发展和在更广泛领域中的应用。同时,法医学的发展也促进了临床医学的发展,法医学关于死亡、损伤、中毒、猝死等深入研究的成果,丰富了医学内容,为临床医学诊断和治疗提供了法医病理学依据。

▶▶法医学与法庭科学

法庭科学是指运用医学、自然科学的理论和技术,研究并解决刑事案件侦查和审判,以及解决民事纠纷中有关专门性问题的一门学科,是应法律需要而产生和发展,运用自然科学和社会科学的理论和技术为法律工作服务的学科,包括犯罪侦查学、犯罪行为模式分析、指纹侦测及鉴定、枪械及工具痕迹鉴定、刑事科学技术、法医学、法庭微量物证学、电子物证学、文书物证学等。法庭科学具有自然科学和社会科学的双重属性,并且研究对象具有多样性,它的应用贯穿于案件侦查、诉讼、审判的全过程。

法医学隶属于法庭科学的范畴,是法庭科学体系的重要组成部分。法医学与法庭科学中的其他学科也息息相关,共同为法律工作服务。如刑事科学技术是国家公安机关、司法机关依据《中华人民共和国刑事诉讼法》的

规定，运用现代科学技术的成果，收集、检验和鉴定与犯罪活动有关的物证，为侦查、起诉、审判工作提供科学证据的一门综合性应用学科。在法医鉴定过程中，某些问题的解决不仅需要熟练掌握法医学的专门知识和技术，对尸体、活体及生物学检材进行检验，还必须应用刑事科学技术的手段和方法，结合现场勘验、痕迹及遗留物检验结果的综合分析，才能得出科学、客观、公正的法医学鉴定意见。例如，枪创与弹道痕迹学可为致伤物的推断提供科学依据；现场血痕的分布特征、血痕的形态特征可为判断死亡性质、伤后的活动能力提供参考等。因此，法医工作者有必要学习和掌握现场勘查、痕迹检验、文书检验、刑事化验、刑事摄影等刑事技术，从而能够在法医学鉴定工作中着眼于案件各方面的客观情况，充分发现和利用案件中的各种物证、文证，为侦查、起诉、审判提供充分而有力的线索和证据。

▶▶法医学与法学

法学又称法律学或法律科学，是以法律、法律现象及其规律性为研究内容的学科。法学的产生和发展以法律的产生和发展为前提，是关于法律问题的知识和理论体系，是社会科学的一门重要学科。

法是由国家制定或认可，并由国家强制力保证实施的行为规范的总和。在我国，广义的法律，就是法的含义。在一般的使用场景中，法与法律两个概念可以彼此取代、相互混用。而狭义的法律，是指享有立法权的国家机关根据立法程序制定和颁布的规范性文件。从这个角度看，法具有远比法律更广泛的外延，是一个比法律更具涵盖力的总称性质的概念；法律比法更为具体，是法中最为明确的部分。

法医学是应法律需要而产生，并为法律服务的一门医学学科，与法学密切相关。

首先，法律是法医学发展的动力。随着经济社会的发展、民主法治建设进程的加快和人们法律意识的提高，司法鉴定的社会需求日益频繁，需要法医解决的专门性问题涉及的领域不断扩展，在法律功能实现过程中必然对法医学提出更多、更高的要求，从而促进法医学理论研究的深入和新技术的开发。法律制度的不断完善必将成为法医学发展进步的源泉和基石。

其次，法律是法医学服务的对象。司法鉴定是法医学服务于法律的具体形式，是实现司法公正的重要环节。司法鉴定的实质是一种服务于司法诉讼活动的技术性活

动,其功能是从科学的角度帮助司法机关确认证据。司法鉴定意见作为案件定性的重要依据,《中华人民共和国刑事诉讼法》《中华人民共和国民事诉讼法》《中华人民共和国行政诉讼法》都将其规定为一种独立的法定证据。

最后,法律是法医学鉴定的规范。司法公正包括实体公正和程序公正,前者是指案件处理结果的公正,即对案件的事实判定的正确性以及适用法律的准确性,后者是指国家司法机关人员办理案件,要严格遵守相关法律的规定,按照诉讼的程序处理案件。实体公正是公平和正义的最终体现,程序公正对实体公正具有保障作用。在法医学鉴定中,必须严格遵守法律、法规和相关规定,鉴定意见必须经过诉讼过程的审查、判断和质证,方能作为一种独立证据被司法机关使用。因此,法医鉴定人为司法实践服务的工作性质决定了他们不仅是科学技术工作者,也应是法律工作者,应具有良好的法律素质。

历史的织锦,正义的织线——法医学发展简史

任何细微之处都可能成为决定性的证据。

——李昌钰

▶▶ 我国法医学发展简史

➡➡ 世界最早的法医学记录——《封诊式》

1975年12月,湖北云梦县睡虎地的农田地带发现一座古墓,湖北省博物馆考古专家对古墓进行了考古发掘,发现了大量竹简,共1 155枚,残片80枚,近4万字。经文物专家鉴定,这批竹简是我国最早发现的秦代竹简,内容包括秦朝时的法律制度、行政文书、医学著作以及关于吉凶时日的占书,为研究秦国的政治、法律、经济、文化、医学等方面的发展历史以及我国书法提供了翔实的资

料,具有重要的学术价值。

文物专家将1 155枚云梦睡虎地秦简分类整理为10部分内容,包括:《秦律十八种》《效律》《秦律杂抄》《法律答问》《封诊式》《编年记》《语书》《为吏之道》,以及甲种与乙种《日书》。专家通过对竹简上的文字进行研究,发现睡虎地秦墓的墓葬主人叫"喜",生于秦昭王四十五年(前262),历任安陆御史、安陆令史、鄢令史、治狱鄢等与刑法有关的官职。他非常热爱自己的工作,即抄录法律文书,他抄录的这些法律文书为后世了解秦代的法律制度提供了非常重要的价值。

其中,《封诊式》收录了与法医相关的记录。"封"即查封,"诊"指诊察、勘验、检验,"式"是格式或程式,所以这部书是一部关于查封和勘验程式的书籍,是迄今发现的世界上最早的具有丰富法医学内容的刑侦书籍。《封诊式》中55%的内容与勘验有关,包括活体检验、首级检验、尸体检验、现场检验和法兽医学检验等。

这里列举《封诊式》中一段内容的译文,可窥一斑而知全貌。

某亭的求盗甲报告:"在辖地内某处发现被杀死的梳髻无名男子一人,前来报告。"当即命令史某前往检验,令史某爰书：本人和牢隶臣某随甲前往检验，男子尸体在某家以南，仰身，某头上左额角有刃伤一处，背部有刃伤两处，都是纵向的，长各四寸，互相沾溃，宽各一寸，伤口都是中间陷下，像斧砍的痕迹，脑部、额角和眼眶下都出血，污染了头部，背部和地面，都不能量出长宽，其他部位完好无伤，身穿单布短衣和裙各一件，其短衣背部伤口相对处，有两处被刃砍破，与伤口位置符合，短衣背部和衣襟都染有污血，男子系壮年，皮色白，身长七尺一寸，发长二尺，腹部有灸疗旧疤两处，男子尸体距某亭一百步，距某里士伍丙的农舍二百步，命甲用布裙将男子掩埋在某处，等候命令，把短衣和履送到交县廷，询问甲同亭人员和丙是否知道男子死在哪一天，有没有听到呼喊有贼的声音。

➡➡三国时期经典判案——张举烧猪

五代时期和凝、和㠑父子共同编撰的《疑狱集》是现存最早的案件选编，辑录了汉至五代的情节复杂、争讼难决而最后获得了正确处理的案件，包括"御史奏状""李崇还儿""丙吉辨影""黄霸戮乱""严遵壁听""赵和籍产""若水留狱""敏中密访"等 100 例案件。书中对各案件逐一进行分析，对司法检验方面的经验也做了详细介绍。其中有一起案件，是这样记录的：

张举,吴人也,为句章令。邑有妻杀夫者,因放火烧舍,称"火烧夫死"。夫家疑之,讼于官。妻不服。举乃取猪二口:一杀之,一活之,而积薪焚之,活者口中有灰,杀者口中无灰。因验尸,口果无灰也。鞫之服罪。

这就是著名的"张举烧猪"案。讲的是在三国时期,吴国的句章县住着一对夫妻。有一天,他们家的房子突然着火。结果,丈夫葬身火海,而妻子安然无恙。于是,丈夫的亲属就怀疑是妻子杀害了丈夫,故意纵火烧毁房屋,烧尸灭迹,就到当地衙门去告状。句章县县令张举受理了案件,传讯审问女子。女子坚决不承认杀害丈夫后烧尸灭迹,声言这纯属诬告。没有证人、证据,就不能判定女子是凶手。张县令对男子的尸体进行查验,由于尸体受到火烧,身体是否有外伤和内伤已经难以鉴别。于是想出一个办法,他邀请了女方及其亲属、男方的家属,以及相关人士,举行了一场大型、生动的法医实验。张县令派人买了两头活猪,把其中一头杀死。然后,在一个废弃的棚屋里堆满柴火,把这一死一活两头猪关进棚屋,点燃柴火。不久,那头活猪叫声消失,显然已被烧死。张县令就让人把两头猪拖出来,当场查验。事实表明:那头被活活烧死的猪,嘴里有烟灰,原因是在呼吸、叫喊过程中吸入的。而那头先被杀死的猪嘴里,没有烟灰。张县令再命人把死于火灾的男子尸体抬出来,打开其嘴巴,里面并没有烟灰。这说明男子是死后才遭到火烧的。至此,案情一目了然。在现场全程观看实验的那名女子,羞愧地低下头颅,哭着说出了自己杀死丈夫之后、纵火掩盖真相的事实。最后,这名女子被依照律令判处重刑。

在当时缺乏法医科学的时代,张县令做这个活体动物实验虽然有些残忍,不符合当今的动物伦理学要求,但维护了司法公平公正。这种鉴别生前烧死和死后焚尸的方法已成为法医基本常识,一直应用于法医实践中。

➡➡首例利用昆虫生物特性破获的案件——晒镰案

南宋年间,广西地界一个小乡村的晒谷场上,时任广西提点刑狱的宋慈召集所有村民,来了一次现场审案。

案发当天上午,村民牛二被人发现惨死在去往自家农田的林荫小道旁。接到报案后,宋慈亲率一班衙役匆匆赶赴命案现场。凶杀现场惨不忍睹:牛二卧倒在路边的一片杂草中,浑身是血,宋慈等人赶到时早已气绝身亡。

宋慈立即走近细细查看尸身。死者身体有十多处由不明利器砍戳造成的伤口,系失血过多而亡;身上衣兜内有铜钱数枚,财物未失,故可排除拦路盗贼行凶;凶手下

手凶狠,伤口数量如此之多,宋慈怀疑是仇杀。

宋慈起身后一边令衙役四周仔细搜寻作案工具,一边问询牛二老婆近期家人有否得罪过他人。牛二老婆摇摇头,说牛二为人老实,从不惹事,更没有仇人。过了一会儿衙役来报未在四周发现可疑作案凶器。

宋慈又俯身仔细观察死者伤口的形状,伤口较宽刺入较浅,不似平常的匕首类刀具。宋慈判断应是农村常用的镰刀所致。他站起身又四面观察起来。他现在所处的小乡村三面环山,交通极为不便,仅有一条官道与外界连通。打听下来平时也少有外乡人往来。

早上出门不到两个时辰就被人发现遇袭身亡,基本排除了外来人员作案的可能性,凶手应该就在这个村子内!宋慈一番思索后大胆推断出一定是同村乡民所为。可怎么找出这个行凶者呢?

宋慈正盯着死者思索时,眼睛突然被两三只围绕着渗血伤口嗡嗡乱飞的苍蝇吸引住了,他顿时有了主意。宋慈命乡村里正和手下一群衙役到村里挨家挨户把各家的镰刀收集起来,然后到村口的晒谷场待命。同时警告村民若有私藏不交则视为杀人凶犯。

一个时辰后,村里所有人家的镰刀都被一排排地摆放在晒谷场的空地上。每把镰刀下都压放着一张纸条,上面注明了主人是谁。村民们也围聚在一起,议论纷纷,想看看宋慈葫芦里卖的是什么药,宋慈却一声不吭,静静地坐在一把椅子上,似乎在等着什么。没多久,一只绿头大苍蝇嗡嗡作响盘旋而来,落在其中一把镰刀上。接下来又有一只一只苍蝇飞来,聚集在那把镰刀上久久不肯散去,似乎有什么东西吸引着它们。而反观其他的镰刀,上面却没有一只苍蝇光顾。

正当众人迷惑不解时,宋慈起身前去拿起了那把镰刀,看了一眼又大声问道:"胡大是哪一个?出来答话!"人群中走出一个贼眉鼠眼的年轻人,目光游离显得心神不定。"你是胡大?""回大人,正是小民。"宋慈冷笑一声,扬起手中镰刀在胡大眼前晃了晃。"这可是你的镰刀?""是的。""你知道为何苍蝇独独舔食你的镰刀吗?""小人不知。""因为镰刀上沾有人血的腥味,而你就是杀死牛二的凶手!"

看着支支吾吾的胡大,这时一旁的牛二老婆突然想起一件事来:她赶忙上前告诉宋慈,前几日胡大来向牛二借钱未果后,两人当场吵了一架不欢而散。这让宋慈更加坚信自己的判断——胡大有作案动机,他就是那个行凶者。面对事实,胡大不得不招供了整个作案过程。

胡大平日不务正业还嗜赌如命,那日输光了钱找牛二救急;牛二不肯借还劝其戒赌惹恼了他,两人因此吵了一架还差点动手,而胡大竟怀恨在心。案发当日上午,胡大看见牛二独自从家门口经过,心中突生歹念,随手拿起镰刀偷偷尾随而去。等二人走到有树林遮挡的小道,胡大见四下无人,飞步追上牛二,挥刀从背后将其砍杀于路旁。

回到家里,他将镰刀上的血迹擦尽并反复冲洗了好几遍,胡大就此以为神不知鬼不觉了。岂料宋慈凭借丰富的办案经验,推断出凶器的类型并及时锁定犯罪嫌疑目标人群,借助苍蝇的嗜血本能找出作案工具,让他的罪行暴露无遗!至此,一起凶杀案告破。众人无不拍手称快,奔走相告。晒镰破案的思路和经过也被宋慈详实记录于《洗冤集录》中。

而"晒镰案"也成了世界上首例有文字实录的人类利用昆虫生物特性破获的案件。宋慈在这方面的探索,为法医昆虫学这门新学科的诞生做出了不可磨灭的贡献。

➡➡世界法医学鼻祖——宋慈

前文中办理《晒镰案》的就是被后人称为"世界法医

学鼻祖"的大宋提刑官宋慈。

宋慈,字惠父,福建建阳人,生于宋孝宗淳熙十三年(1186年)。他的父亲宋巩曾任广州节度推官,即掌管刑狱的官员,宋慈从小受父亲的影响,勤思好学,10岁开始从学于理学家朱熹的弟子吴稚等人,接受了儒学和理学教育,后又进入临安太学,深得太学博士真德秀的赏识,真德秀称其文"源流出肺腑",宋慈遂拜其为师,成为饱学之士。

嘉定十年(1217年),宋慈中乙科进士,后历任长汀知县、邵武军(今属福建)通判、剑州(今福建南平)通判、广东提点刑狱、江西提点刑狱、广西提点刑狱、直秘阁、湖南提点刑狱等,掌管过四个省份的司法刑狱,积累了丰富的办案经验。宋慈廉政爱民,执法严明,雪冤禁暴,虽偏僻恶溺处所,亦必亲往视察。尤其"于狱案,审之又审,不敢萌一毫慢易心"。淳祐九年(1249年),宋慈被升授为焕章阁直学士、知广州、广东经略安抚使。就在到任后两个月后,宋慈罹患"末疾"(四肢的疾患),但他仍坚持带病工作,最终因过度疲乏而一病不起。次年,宋慈在广州官舍逝世,享年六十四岁。理宗为表彰他的政绩和才华,誉为"中外分忧之臣",特赠朝议大夫,并御书墓碑"慈字惠父,宋公之墓"。

➡➡世界第一部系统的法医学著作——《洗冤集录》

宋慈历任四个省份的提刑官,任职期间事事亲为,听讼清明,平冤昭雪,积累了丰富的勘验断狱的经验,为了司法官员能更好地断案,减少冤案、错案的发生,他采撷《内恕录》《折狱龟鉴》等前人的成果,并结合自己的丰富经验,于1245年开始着手编撰《洗冤集录》,耗时两年完成了这部旷世奇作。

宋慈在《洗冤集录》序言开篇明义:"狱事莫重于大辟,大辟莫重于初情,初情莫重于检验。盖死生出入之权舆,幽枉屈伸之机括,于是乎决。"这句话的含义是:"在所有的刑事案件中,没有比判处死刑更重要的了;而在处理死刑案件时,最关键的是要搞清楚案件的真实情况;而搞清楚案件真实情况的最重要手段就是进行细致的检验。因为罪犯的生与死、出罪与入罪、蒙冤昭雪都将由此决定。"从中可见法医检验在判案中的重要性,只有通过严密的检验,才能保证断案审判公平公正。

《洗冤集录》是世界第一部系统的法医学著作。全书共5卷53条,内容涵盖检验条令、验尸方法及注意事项、现场法医学、尸体现象、生前伤与死后伤的区别、机械性窒息、机械性损伤、碎尸检验、交通损伤、狱中死、火烧死、中毒死、病死、针灸死、塌压死、酒食醉饱死、猝死、尸体的四时变动等内容,广泛总结了法医学尸体外表检查经验,其中所载检验方法之多样、全面,其精确度之高,都是前无古人的。这部书不仅使我们了解了宋代是如何进行尸体检验的,更重要的是它所记载的一些法医学重要发现至今仍有意义。

《洗冤集录》不仅继承了宋代以前的法医学尸体检验成就,而且成为后世历代法医检验书籍的祖本,是元、明、清办案必备之书和考试内容,被收入《四库全书总目》,成为后世历代法医检验书籍的祖本,在我国法医学史上具有不可磨灭的贡献。《洗冤集录》还被译为英文、法文、日文等九国语言译本,对世界各国法医学发展的影响极为深远。

➡➡我国现代法医学奠基人——林几

1911年,随着清朝封建统治的结束,我国法医学检验制度也发生了巨大的变化。同年颁布的《刑事诉讼律(草案)》规定:遇有横死人或疑为横死之尸体应速行检验,检验得发掘坟墓,解剖尸体。1913年《解剖规则》中规定要指派医生执行解剖。这是一个重要的分水岭,标志着我国法医学由古代的尸表检验进入到现代的尸体解剖。

在这一时期，法医学社会基础薄弱，人才匮乏，面对这样重大的法医改革，需要克服极大的困难。在法医改革中，充当开拓者、排头兵的是被称为我国现代法医学之父的林几。

林几(1897—1951)，字百渊，福建福州人，其父林志均曾任北洋政府司法总长。1921年林几毕业于北京医学专门学校，1924年赴德国维尔茨堡大学医学院留学攻读法医学，1928年获博士学位回国。回国后在北平大学任教，筹建法医学教室。1932年，林几倡导成立了我国第一个法医研究所，并任第一任所长。1934年，林几创办了我国第一个公开发行的法医杂志《法医学月刊》。

林几为推动法医学改革及培养法医学人才，完成了《拟议创立中央大学医学院法医学科教室意见书》。在意见书中，他详细叙述了建立法医学教室的作用、意义和设置地点，并提出分建六个法医学教室，兼办邻省法医事件，以及法医学人才培养方案。这份著名的意见书，为以后法医研究所的成立、各大学开展检验工作及法医学人才培养起到了重要的指导作用。林几教授编写了大量专业教材。他编著的《法医学总论》《法医学各论》为各高校法医学专业采用，他将各地法医研究所经办案件汇编成册，公开出版，带动全国法医学研究进步。

林几一生执着追求法医学事业,以广博的学识和无私奉献的精神,大力传播现代法医学。他身先士卒,带头进行法医实践和科学研究。他是我国第一个将ABO血型的测定应用在法医鉴定中的人。他在鸦片与吗啡中毒、胃质血荫检查、已腐溺尸体的溺死液等方面的研究也是具有开创性的。著有《法医学讲义》三卷(1928)、《法医学总论》、《法医学各论》(1930—1935)、《犯罪心理学》(1937),同时为培育我国法医学人才做出了卓越贡献。

▶▶国外法医学发展简史

➡➡公元前后国外法医学的萌芽——恺撒大帝之死

盖乌斯·尤利乌斯·恺撒(Gaius Julius Caesar,前100—前44)即恺撒大帝,罗马共和国末期的军事统帅、政治家。恺撒出身贵族,历任财务官、祭司长、大法官、执政官、监察官、独裁官等职。公元前60年,恺撒与庞培、克拉苏秘密结成前三头政治(同盟),随后出任高卢总督,并用八年时间征服了高卢全境,还袭击了日耳曼和不列颠。公元前49年,他率军占领罗马,打败庞培,集大权于一身,施行独裁统治。

公元前44年,为了拯救卡莱会战中被俘虏的

9 000多名罗马士兵,恺撒宣布将远征帕提亚。但当时的占卜师说"只有王者才能征服帕提亚",此举使共和派议员深感不安,认为恺撒终将称王,于是策划谋杀恺撒。同年3月,恺撒被反对派元老们叫到元老院去读一份伪造的陈情书时,遭以布鲁图(Brutus)和卡西乌为首的元老院成员暗杀身亡。

根据史学家尤特罗匹斯(Eutropius)的说法,当时参与这次谋杀的有60多人。为查明死因,法老院责成安提斯特斯(Antistus)医生对恺撒的尸体进行检验。安提斯特斯医生证实,恺撒所受的23个刺创中,位于胸部第一、二肋骨间的贯通性刺创是致命伤。这一事件在欧洲古代法医学史中,属于有法医学意义的医生检验案例。

➡➡**欧洲法医学的起点——《加洛林刑法典》**

欧洲各国在现代法医学产生以前的很长时间内,多以征求临床医生的意见来处理案件。大约在公元前18世纪(前1792—前1750),巴比伦国王汉穆拉比(Hammurabi)颁布了著名法典——《汉穆拉比法典》,首先提出了医疗事故应负法律责任的规定,法典中还规定了有关乱伦、堕胎、通奸、强奸等罪行的处罚办法。公元前451—

前450年，古罗马的《十二铜表法》规定，父亲有权杀死严重畸形的儿童，精神病人犯罪可以减刑。

5世纪，日耳曼人和斯拉夫人推翻了西罗马帝国，首次以法令明确规定检验损伤要请医学鉴定人。1100年，耶路撒冷的法典规定审判案件要有医生协助，调查谋杀案要检查尸体、报告损伤结果及致伤凶器等。直至14—16世纪，法医学一直处于萌芽阶段，未准许尸体解剖，也未形成系统的法医著作。

1507年，德国颁布了旁贝尔法，规定法官对杀婴、头部损伤等刑事案件和医疗事故案件应召请医生参与裁决。1532年，在此基础上经过修订，颁布了加洛林刑法，规定暴力死、杀婴、堕胎案件必须由医生鉴定人鉴定，并且允许医生解剖尸体，支持医生在法庭上作为鉴定人的地位，强调只有医生才能为法庭提供基本的诊断以及某人是否健康的意见，只有医生而不是法官可以回答创伤的致命性问题，只有医生可以断言某人是否因中毒而死、损伤是否会留下永久性瘢痕、精神状态是否适于写遗嘱等。

加洛林刑法是欧洲近代早期法医学发展的法律基础，被认为是欧洲法医学的起点。

➡➡欧洲法医学先驱——巴雷

安布鲁瓦兹·巴雷（Ambroise Pare，1510—1590）被誉为现代外科奠基人之一，在外科学发展的过程中占据着至高的位置。他在文艺复兴时期改变了外科学，并且是将原始的外科同现代外科区别开来的里程碑式人物。在巴雷所处的时代，外科医生属于体力劳动者而不是知识分子。但对巴雷来说，外科医生是一种神圣的职业。他那打破传统的决心和敢于创新的勇气，使得外科医生的社会地位得到了令人瞩目的提高。巴雷将外科医生从理发师中真正区别提升起来。从此外科医生与理发师彻底分开，有着与内科医生一样的地位。

巴雷也被认为是欧洲近代法医学先驱，1575年他出版了欧洲第一部法医学著作《报告的编写及尸体防腐法》，内容包括总论和各论两部分。总论阐述了编写检验报告的重要性；各论包括各种损伤、窒息的生前与死后的论证，异常死亡、婴儿窒息死及保存型尸体等特殊法医学问题，篇末给出了妇幼检验实例。书中首次描述了枪弹创的挫伤轮和木炭气或煤气中毒等情况，并且在雷击死、机械性损伤等方面也有独到的见解。由于在法医学方面的贡献，巴雷被誉为欧洲法医学的先驱。

➡➡欧洲第一部系统的法医学著作——《论医生的报告》

《论医生的报告》由意大利巴勒莫大学教授福图纳托·费德罗(Fortunato Fedele,1550—1630)编著,是公认的欧洲第一部系统法医学著作,较宋慈的《洗冤集录》晚300多年。这部书籍将公共学和法医学融合在一起,全书分四卷:卷一,公共食品、空气之增进健康、瘟疫;卷二,创伤、诈病、刑讯、肌肉损伤和医疗过失;卷三,处女、阳痿、遗传病、妊娠、水泡胎、胎儿生活能力、分娩和怪胎;卷四,生与死、创伤的致命性、窒息、雷击死和中毒。与巴雷的《报告的编写及尸体防腐法》相比,这部书增加了许多新的法医学内容,拓宽了法医学应用范围,在心源性猝死、尸体的中毒征象等方面发表了具有较高学术价值的法医学观点。

➡➡欧洲法医学之父——查克其亚

1621年,意大利医学家、罗马教廷医生保罗·查克其亚(Paulo Zacchia,1583—1659)编著的《法医学问题》正式出版。作者在书中首次将这个学科命名为法医学(Medico-legales),即第一个英文法医学术语legal medicine 的由来。该书主要探讨了涉及医学和法律的问题,如妊娠、分娩中死亡原因、活产、子女双亲的相似性、精神损害、毒物

与中毒、性功能评估、生育能力评估、诈病、传染病、创伤、致残、医疗过错等,并收集了自罗马教廷以来所有与法医学有关的实际案例,在内容范围与学术水平上都大大超过了这一领域的先行者。《法医学问题》初版时只有三卷,到 1658 年第五版时共有九卷,共 788 页,可谓是划时代的法医巨著,故查克其亚被誉为欧洲法医学之父。

➡➡神奇的 DNA 指纹

1984 年 9 月 10 日,英国莱斯特大学年轻的生物学家亚历克·杰弗里斯(Alec Jeffreys,1950—)在做实验时灵光一现,发现了每个人的 DNA 是不同的。尽管人与人之间的 DNA 空间结构差异不大,但在 DNA 序列的某些区域,存在一些重复的序列,且每个人重复的次数是不同的,杰弗里斯称其为"小卫星 DNA"。他意识到,检测小卫星 DNA 可以确定一个人的身份。杰弗里斯及其合作者首次将分离的人源小卫星 DNA 用作基因探针,用他建立的限制性片段长度多态性分析技术检测 DNA,得到的 DNA 图谱具有个体特异性,即全世界除了同卵双胞胎之外,每个人的 DNA 图谱都是不一样的。就像人的手指纹一样具有个体特异性,所以称之为 DNA 指纹。

1985 年,DNA 指纹分析技术首次应用在一桩移民案亲子鉴定中。一名加纳女性嫁给一名英国男性,育有2儿2女,其中一个儿子从小被送回加纳由姨妈抚养,13岁时回到英国和父母团聚,但当他回到英国后,海关发现他的护照被涂改了,因此认定这个孩子是"冒牌货",说他没有英国血统,他其实是他母亲在加纳的姐妹的孩子,想持伪造的护照非法进入英国。于是警方邀请杰弗里斯对这个孩子进行DNA指纹分析。结果证实,从遗传特征看,这个孩子是他父母儿子的可能性是99.997%。移民局认可了这一结果,准许他入境,促成了一家人的团聚。

1986年,DNA指纹技术又被应用在刑事案件中,帮助英国警方找到了奸杀两名少女的凶手,随后判处他终身监禁。这是世界第一例使用DNA指纹侦破的刑事案件。这个标志性的历史事件随后在2015年被改编为迷你犯罪悬疑剧《真凶密码》。

法医学的缤纷谱系——法医学分支学科

> 每一个细节都可能成为解开案件之谜的关键。
> ——阿尔弗雷德·李(Alfred Lee)

▶▶法医病理学

➡➡法医病理学的研究对象

法医病理学(forensic pathology)是法医学的主干学科,是研究涉及法律问题的暴力性和非暴力性死亡的死亡征象、死亡原因、死亡方式、死亡时间、死亡地点、个人识别以及致伤物推断和认定的一门学科。研究对象主要是尸体,有时也对离体器官、组织进行检验,或审核审阅与尸体检验有关的鉴定书或其他相关资料等,其目的是为法律的实施提供科学的诉讼证据。对尸体进行法医病理学检验必须依据相关法律、法规完成。属于下列情况的尸体须进行法医学尸体解剖：涉及刑事案件的尸体，无名尸，猝死、死因不明的尸体，医疗纠纷需要明确医疗责任的尸体，疑似因中毒、环境污染及新发重大传染病死亡的尸体，以及其他可能涉及法律问题的尸体等。

➡➡**法医病理学的基本任务**

近年来，随着我国法治体系不断健全和全民法律意识的提高，法医病理学在维护司法公正的进程中发挥着重要作用。根据法医病理学研究与鉴定的目的，其基本任务主要包括以下方面。

✠✠**确定死亡原因**

确定死亡原因是法医病理学的首要任务，常常需要通过尸体解剖明确造成机体死亡的原因是自身疾病、衰老还是外来的暴力。如果既有疾病又有外伤，那么还需正确评价损伤、疾病与死亡的相互关系。死因的明确，可为刑事责任的划分、医疗纠纷的处理、工伤保险赔偿及其他涉及法律问题的民事赔偿等提供证据。

✣✣判断死亡方式

死亡方式通常是指导致死亡的暴力行为方式,即属他杀、自杀或意外死亡。死亡方式是司法部门等侦查、审理案件的重要线索和证据,阐明死亡方式是否涉及违法事件,也有助于分清导致死亡的责任。仅靠法医病理学者的检查,有时无法判断死亡方式,有些案件需依靠法医与侦查人员的合作,对案情调查和现场勘查资料综合分析,才能得出较为准确的结论。

✣✣推断死亡时间

法医通过尸体检验等推断检验尸体时距死亡发生时的间隔时间,对于侦查人员分析案情、确定案发时间、认定或排除嫌疑人有无作案时间、划定侦查范围等具有重要意义。

✣✣推断损伤时间

损伤时间即从受伤到死亡所经历的时间。目前推断损伤时间的主要依据是生活反应,根据有无生活反应可鉴别生前伤与死后伤,根据生活反应的程度推断伤后存活时间。

✣✣ 推断和认定致伤物

造成机体机械性损伤的物体称为致伤物。致伤物的推断与认定是指根据损伤的形态特征，结合现场情况进行分析推断，并与嫌疑致伤物进行比较、认定的过程。致伤物的推断与认定对确定嫌疑人或法庭定罪量刑均有重要的意义。

✣✣ 个体识别

对于无名尸体，迫切要解决的问题是查明死者的姓名、性别、年龄和种族，进而了解其住所、死者行踪及社会关系。法医病理学者主要通过分析死者的生理、病理学特征，如尸体的身长、性别、体重、容貌、体格特征、先天或后天获得的异常特征（如瘢痕、痣、文身、假体等）以及衣着和附属物等进行判别。必要时应请法医牙科学或法医人类学专家对尸体的骨骼和牙齿进行专门检验。

➡➡ 法医病理学的基本技术

法医病理学以医学病理学为基础，二者之间有共同的理论与技术，但又各有侧重。传统技术主要包括尸体解剖和组织病理学检查。法医学尸体解剖应按规范化操作的术式和程序进行，不同案件的具体要求不同，其操作的术式和程序也不尽相同，尸检人员可根据案件情况灵

活选择解剖术式和解剖程序。大多数案件通过尸体解剖和组织病理学检查可以找到死亡原因,明确死亡机制及死亡方式。对于一些疑难复杂案件则需要现代技术的支持。例如,现代法医病理学技术还引进了分子生物学技术:利用透射电镜和扫描电镜,从微观、亚微观水平鉴别是否为电击死、溺死;检测某种功能性蛋白的表达及指导其生物合成的 RNA 表达的质与量,将其作为死因鉴定和推断损伤时间、死亡时间的新标记物;用分子基因检测(又称"分子解剖")技术,确定那些病理形态学改变不明显的猝死病例的死因。此外,随着现代医学影像学及计算机技术的发展,虚拟解剖(virtual autopsy)技术作为传统尸体解剖的补充手段,即利用计算机体层扫描(CT)和磁共振成像(MRI)进行非侵入式的尸体解剖,已在法医病理学工作中的发挥着重要的作用。

➡➡**典型案例**

❖❖**生死之惑——生前伤与死后伤的鉴别**

命案侦破是我国公安机关工作的重要任务,法医与刑侦技术人员则是重要的执行者。尸体检验是法医病理学工作的主要内容。有些案件通过现场勘查及尸表检验,即可判断死亡方式、死亡原因及死亡时间等,为案件侦查快速提供线索与证据。而遇到复杂、疑难案件，往往需要法医通过详尽的尸体解剖，并结合案情调查、现场勘查等进行综合分析，才能最大限度还原案件真相，做出客观、公正的死因鉴定。

曾有这样一起案件。某晚有群众报警称发现一老人趴在马路上，一动不动，头部周围有血迹。民警到达后，立即进行现场保护，在一番现场询问、现场勘查后，初步判断这是一个交通事故现场。公安机关很快调取了周围监控，虽监控距离案发现场有些远，视频图像模糊，仍可看出：一位老人独自在夜间行走时，突然停下脚步，面部朝下栽倒在地；40分钟后，一辆私家轿车驶过，或许是夜间行车视距短和注意力差的缘故，司机并未发现路况异常，快速从老人身体上驶过，将其拖拽几米后扬长而去。30分钟后，老人被路人发现，随即拨打报警电话。公安机关通过现场勘查、取证及对视频资料进行图像处理，很快锁定了逃逸的车辆，车主归案。死因成为双方争议的焦点，双方各有说辞。死者家属认为，老人只是晕倒趴在地上，是交通事故碾压致死，司机要承担所有责任。而轿车司机则认为，事故前老人趴在地上，可能在遭遇车祸前就已经死亡。司机是否有责任，事实究竟是怎样的？只有通过尸体解剖才能得知。

法医学把活体遭受的损伤称为生前伤,死后遭受的损伤称为死后伤。鉴别生前伤与死后伤,是法医病理学检验的重要内容之一,有利于重建案件过程及判断死亡方式。判断是否为生前伤,主要看有无生活反应,即当活体遭受暴力后损伤局部及全身出现的防卫反应,可以通过肉眼、光镜或其他实验室检查方法查找。肉眼可见的生活反应包括出血、组织收缩、肿胀、痂皮形成、创口感染和异物移动。出血是最为重要的生活反应。本案中法医进行现场勘查和尸表检验发现死者面部朝下,鼻背部有擦划伤,顶部头皮有一裂创,头部周围虽有出血,但出血量不多。尸体解剖见:头皮损伤创口出血少,没有明显的创口收缩、肿胀反应,即生活反应不明显。颅骨局部骨折,脑组织未见损伤,肋骨多发骨折,骨折断端出血不明显,其余部位未见损伤。老人头部及胸部损伤可由轿车行驶过程中底盘与其发生碰撞与拖拽形成,且具有损伤程度不致命、出血量少、生活反应不明显等特点。也就是说死者在遭受交通事故时,机体处于濒死或者死亡状态,这些损伤符合濒死或死后形成的特征。那究竟是什么让老人昏倒在地的呢?经法医系统解剖,对死者脏器进行组织病理学观察后发现,老人供给心脏血液的主要分支血管存在严重的冠状动脉粥样硬化,管腔狭窄几乎完全闭塞,部分心肌因慢性缺血呈现纤维化改变,说明老人既往存在冠心病,发生过心肌梗死。进一步检查还发现,供给心脏血液的一分支血管内既存在冠状动脉粥样硬化,同时又伴有新鲜血栓形成,供血支配区域的部分心肌细胞呈现急性缺血改变。这些病理表现指向老人有冠心病急性发作征象,在排除其他疾病及毒化检验后,最终经法医鉴定老人为冠心病猝死。这就解释了老人为何会突然栽倒在地。

冠心病是目前心血管系统疾病中对人类生命健康危害性最大的疾病,同时也是心血管系统疾病中发生猝死最常见的疾病。大约20%的冠心病猝死患者,平时可无任何征兆或无明显异常感觉而突发死亡。本案中,老人符合冠心病急性发作死亡,根本死因为自身所患冠心病。车辆碾压、拖拽所形成的交通损伤为濒死或死后伤。至此,法医通过尸体检验及系统解剖,为该案解答了生死之惑。

因此,在死因案件中法医病理学工作者起着不可替代的作用。只有熟知生前伤和死后伤的区别,才能在尸体中寻找蛛丝马迹,从而破解致死因素复杂的案件,找出死者真正的死因,竭尽所能还原案件真相。

❖❖ 五彩斑斓寻死因——特殊病理学染色

大多数通过尸表检验和尸体解剖不能明确死亡原因的案件,需要进行组织病理学检查,即将身体各脏器取材后制备成组织切片,在显微镜下观察病理表现。这部分工作内容很像临床病理医生,但又不完全相同。临床病理医生仅就手术送检的某组织块进行疾病诊断,而法医病理工作者需对死者脑、心、肺脏、肝脏、脾脏、肾脏等全身各脏器进行系统、全面的组织病理学观察,有时为了明确死亡原因,在常规组织学观察不能满足鉴定需要时,还应进行特殊病理学染色,以达到满足鉴定死因所需的条件。

某大学在组织全校师生接种流感疫苗过程中,一位21岁的大三学生赵某,在接种疫苗6小时后,突感胸前区剧烈疼痛,难以忍受。带教老师和同学们迅速将其送往医院。赵某在急诊就诊期间病情急剧恶化,出现休克,虽积极抢救,但最终没有逃过死神的魔爪。面对突如其来的死讯,赵某家属难以接受,医院出具的死亡证明是心搏骤停,单靠临床现有资料难以明确死因。在得知孩子是在接种疫苗后死亡,家长对疫苗安全性产生怀疑,撕心裂肺地哭喊着要给孩子讨个说法。是接种疫苗出现不良反应,还是另有原因?学校领导以及当地卫生主管部门高度重视此次事件,在征得家属同意后,委托司法鉴定机构对赵某进行法医病理学鉴定。

这一天,家属、学校、卫生主管部门代表来到殡仪馆停尸房,共同见证法医尸检过程。当法医切开胸腹部皮肤、软组织,揭去胸骨暴露胸腔时,赫然发现心包膨隆饱满,呈蓝紫色改变。"人"字形剪开心包见:心包腔内大量血性液体及血凝块,量约300毫升。在正常情况下这些血液是不该出现在这里的。难道死因是心脏破裂?仔细检查发现心脏外膜光滑完整并无破裂。再探查发现在主动脉根部外膜有一破裂口,沿着血管破口向血流方向探查,主动脉管壁形成一个假腔,并在内膜处见一破裂口。这在医学上称为主动脉夹层破裂。赵某之所以死亡是因为主动脉腔内的血液沿着内膜破裂口进入夹层,血液集聚在夹层内冲破血管壁,从外膜破裂口涌出进入心包造成急性心包压塞。通过大体解剖法医找到了致命性死因——主动脉夹层破裂。主动脉夹层破裂是主动脉疾病中最危险的心血管急症,常缺乏明显的临床症状或体征而突然破裂致人死亡。发病前患者可无症状,或者出现不明原因胸痛、腹痛,甚至直接进入休克,常常因发病急骤,来不及救治而发生院前死亡。本病与多种易感因素有关,如高血压、动脉粥样硬化、遗传缺陷等。本案中赵

某死因通过大体解剖已找到,但具体是何种原因导致的主动脉夹层破裂仍是未知。要想解开家属的疑团还需要进一步做组织病理学检查。

常规组织病理学检查采用的是苏木素-伊红染色,在显微镜下可以进行大部分病理诊断。在有特殊需要的情况下,为了查明病因,还需采用特殊染色方法进行组织学观察。比如此案中,可以通过马松三色染色和弹力纤维染色进行血管壁特染,观察血管壁结构有无异常;甲苯胺蓝染色可以进行肥大细胞特染,观察有无过敏反应。主动脉为弹性动脉,富含弹力纤维,内膜、中膜、外膜都有弹力纤维分布,中膜、外膜还富含胶原纤维。马松三色染色是胶原纤维染色权威而经典的技术方法,所谓三色染色是指使用四种染料,使组织切片呈现灰黑色、红色、蓝色三种颜色。弹力纤维染色采用间苯二分碱性品红法,该方法可将血管壁组织中弹力纤维染成黑色。甲苯胺蓝染色则可把浸润到组织中的肥大细胞胞浆中的颗粒显现成蓝色,可作为过敏性休克的辅助诊断方法。在特染效果下,清晰可见动脉血管壁被染成红、蓝、黑等五彩斑斓的形态,法医在显微镜下仔细甄别,发现赵某主动脉管壁组织结构与正常人不同,存在黏液样变、坏死、弹力纤维断裂等异常病变。喉头、心脏、肺脏等组织中未发现肥大细胞脱颗粒等过敏表现。经过全面的组织学观察,最终可以得出结论:赵某主动脉夹层破裂为其自身疾病,与疫苗接种无关,为偶合事件。

本案中,法医病理学工作者应用尸体解剖和有针对性的特殊染色技术给出了赵某真正的死亡原因,解除了家属的疑惑,消除了误解。事实上,法医病理学工作涉及方方面面,常需应用多种技术手段进行鉴定,除尸体解剖、常规组织切片染色、特殊染色外,有时还需要结合免疫组织化学染色技术等来满足细胞水平和分子水平上的观察。在一张一张五彩斑斓的镜下图像中查找病变,明确法医病理学诊断。因此,法医病理学工作者不等于尸体解剖工,尸体解剖只是法医病理学中检验方法之一,日常工作还包括影像学检查、镜下的组织病理学检查等等。每一份科学公正、经得住法庭质证的鉴定意见书背后都有法医病理学工作者辛勤的付出与沉甸甸的积累。

❖❖❖美丽的代价——寻找死亡原因

抽脂手术作为医美行业的一种手术,是通过在皮肤表面做一个微小的切口,将吸脂针管通过该切口插入皮下脂肪组织里,采用负压的方法将脂肪组织抽取出来的手术。有人会通过抽脂手术的方式达到瘦身的目的。有

的女性还会将抽出的脂肪进行过滤,填充到指定部位,提升整体的美观度。随之而来的医美纠纷案也越来越多,让许多人不仅为美丽付出了金钱,甚至付出了生命的代价。

之所以会出现医疗纠纷,是因为抽脂、填充手术存在健康风险:感染、失血、麻醉药物、手术药物的毒副反应、组织坏死和脂肪栓塞,等等。其中较为严重的是游离脂肪进入破损的血管,形成脂肪栓塞威胁生命。

脂肪栓塞是指脂滴进入血液循环,随血流运行,堵塞肺脏、脑等多器官微血管管腔的现象,多发生在严重外伤特别是脂肪含量丰富的长管状骨骨折、脂肪组织丰富的软组织挫伤后。抽脂填充手术中的自体脂肪也是脂肪栓塞的特殊来源之一。各种因素所致的外溢的脂滴进入静脉血流是引起脂肪栓塞的始动因素,脂滴随静脉血流进入右心,到达肺后,较大的脂滴会造成肺动脉分支、小动脉或毛细血管的堵塞,引起呼吸困难和心动过速;较小的脂滴可通过肺泡壁毛细血管经肺静脉进入左心,到达体循环的各个分支,引起全身多器官的栓塞,最常阻塞脑部的血管,引起烦躁不安、昏迷等神经症状。个案中,也有因操作不当将自体脂肪直接注射入血管造成脂肪栓塞的情形。

2023年,年轻的张女士在友人陪同下来到某医美美颜工作室进行抽脂、填充手术,将腹壁部分的脂肪抽出,填充到面部。手术过程中张女士出现意识模糊、呼吸困难、四肢抽搐、面色苍白等症状,工作人员拨打120将其送入省级医院治疗。诊断为:"呼吸心搏骤停,大面积急性脑梗死"。张女士经临床抢救最终不幸离世。张女士的突然离世,让死者亲属不能接受,将该医美美颜工作室告上法庭。对于死亡事件的责任归属仍须待法医进行尸体解剖确定死亡原因后方可认定。

针对年轻女性在整形术后死亡这一情况,法医病理学工作者在进行法医学鉴定之前,需要充分了解死者的病史、手术史和抢救史等,判断是否有引起脂肪栓塞的始动因素,如抽脂填充手术史、外伤等;是否在死前出现过对应的呼吸系统症状(呼吸快、啰音、咳脂痰)和神经症状(意识障碍、嗜睡、朦胧或昏迷)等。如存在始动因素,且出现过相应症状,应在后续的尸体解剖过程中对关键脏器进行重点检查。脏器的病理学检查是判断脂肪栓塞的重要途径。以肺脂肪栓塞为例:死者早期胸部X线检查,可见典型的"暴风雪"样阴影,即两中下肺叶弥漫性分布、呈斑点或斑片状的高密度影(白色),是肺炎和肺梗死的征象;肺脏病理学检查可见肺间质的"化学性"炎症反应,

如肺水肿、出血、肺不张和纤维蛋白沉积,以及肺血管机械性梗阻引起肺梗死样病变;制作肺脏组织石蜡切片进行苏木精-伊红染色,可以观察到毛细血管或小动脉腔内有空泡透明亮影。但由于脂滴在石蜡切片制作过程中被脱脂,苏木精-伊红染色并不能确证脂肪栓子的存在。因此,在怀疑有脂肪栓塞的案例中,应取肺、脑、心等组织制作冷冻切片,进行脂肪的特殊染色,常用的染色剂为苏丹Ⅲ、苏丹Ⅳ(猩红),血管内出现亮橙黄色或红色的小球便可以确证脂肪栓子的存在,这是判断脂肪栓塞的黄金标准。最终,尸检报告结果为张女士因抽脂、自体脂肪填充手术并发脂肪栓塞死亡。手术执行方承担全部责任。

此外,像医美行业使用的玻尿酸和胶原蛋白,其作为化妆品填充物在整形和重建手术中,如过量和(或)使用不当时,也可通过破损的血管进入脑和肺内小动脉,进而阻塞血管导致脑梗死和肺栓塞,造成严重后果,危及生命安全。

▶▶法医临床学

法医临床学(forensic clinical medicine)是研究与法律相关的、因各种原因所致的人体损害与损害后果、生理及病理状况等,为公正司法提供医学证据的法医学分支学科。

➡➡法医临床学的研究对象

法医临床学研究与鉴定的对象是活体,其主要研究内容有被鉴定人的个体特征、伤害情况、生理或病理状态。针对活体,法医临床学工作主要包括以下几个方面。

✣✣评定损伤程度

损伤程度是指机体受到致伤因素作用后,导致机体组织器官结构破坏及功能障碍的严重程度。有无损伤是伤害等案件是否成立的前提,而损伤程度则是刑事责任和民事责任认定的基础和依据。损伤程度鉴定的意义在于为司法机关依法处置伤害案件提供科学证据。根据《中华人民共和国刑法》(以下简称《刑法》)及《中华人民共和国治安管理处罚法》(以下简称《治安管理处罚法》)相应条款规定,重伤、轻伤依照《刑法》处罚,轻微伤则依照《治安管理处罚法》处罚。因此,鉴定损伤程度必须以事实为依据,严格依照鉴定标准进行。

自2014年1月1日起施行的《人体损伤程度鉴定标准》将损伤程度分为重伤、轻伤和轻微伤三个等级:重伤

是指使人肢体残废、毁人容貌、丧失听觉、丧失视觉、丧失其他器官功能或者其他对于人身健康有重大伤害的损伤，包括重伤一级和重伤二级。轻伤是指使人肢体或者容貌损害，听觉、视觉或者其他器官功能部分障碍或者其他对于人身健康有中度伤害的损伤，包括轻伤一级和轻伤二级。轻微伤是指各种致伤因素所致的原发性损伤，造成组织器官结构轻微损害或者轻微功能障碍。

❖❖❖评定伤残等级

伤残属于残疾的重要类别之一，主要是指因损伤所导致的机体残疾。由于伤残往往涉及法律问题，因此伤残等级评定是法医临床学研究和鉴定的重要内容，主要是判定损伤对伤者劳动能力与生活能力的影响及其程度。伤残等级评定和损伤程度鉴定是法医临床学司法鉴定的两个重要方面，两者的使用目的不同。损伤程度鉴定主要服务于人身伤害案件的刑事责任认定，伤残等级评定则主要服务于人身损害案件的经济赔偿。

目前用于我国法医学伤残等级评定工作的标准主要有《人体损伤致残程度分级》《劳动能力鉴定 职工工伤与职业病致残等级》及《人身保险伤残评定标准》等。这些标准采用10级划分法，最重为1级，最轻为10级。根据不同的目的,使用不同的伤残等级标准进行评定,后续根据评定级别核算经济赔偿。

❖❖解决医疗与护理相关问题

在人身损害赔偿案件中经常涉及与伤残相关其他问题的评定,如伤者是否存在后续诊疗项目,是否存在护理依赖,是否延长了休息期、护理期及营养期,以上项目涉及人身损害案件相关医疗费用、误工费、护理费与营养费等赔偿。

后续诊疗项目是指在原始损害的病情稳定或针对原始损害的治疗终结后,伤者仍遗留系统、器官或组织的功能障碍时,为减少这些功能障碍造成的人体损害而必需的后期治疗及残疾辅助器具配置等项目。

护理依赖是指伤残者在临床治疗终结后,生活不能自理,仍需要他人帮助、护理才能维系正常的日常生活。护理依赖程度是指伤残者在治疗终结后,需要他人护理所付出工作量的大小,分为完全、大部分和部分护理依赖。

误工期也称为"休息"期,是指人体损伤后经过诊断、治疗达到临床医学一般原则所承认的治愈(即临床症状和体征消失)或者体征固定所需要的时间。护理期是指人体损伤后,在医疗或者康复期间生活自理困难,全部或

部分需要他人帮助的时间，一般以损伤时开始计算至恢复生活自理能力为止。营养期是指人体损伤后，需要补充必要的营养物质，以提高治疗质量或者加速损伤康复的时间。营养期的判定应根据损伤情况、身体状况，结合临床治疗需要综合判定。误工期、护理期与营养期的评定应遵循个性化为主、循证化为辅的原则，需根据伤者的自身状况（个体差异、潜在疾病、既往损伤、年龄因素等）、损伤情况、伤残等级并结合临床治疗、恢复情况等因素具体分析，依据相关标准进行综合评定。

✤✤✤ 甄别诈病与造作伤（病）

临床医学实践中遇到的病人目的是寻求诊治，一般会向医生较为真实地表述自身感受；但在法医临床鉴定中情况可能更为复杂，经常会遇到某些被鉴定人具有某种特殊目的，他们在法医面前故意伪装、夸大损伤情况，甚至存在故意损伤自己身体的情况，临床法医学鉴定可以识破此类情况，避免误判。

诈病指为了达到惩罚他人，或者获得更多赔偿，或者掩盖犯罪行为、逃避惩罚，或者骗取保险及福利等目的，原本身体健康的人假装患有某种疾病。也有为了达到某种个人目的，运用各种物理、化学或生物学的方法，自己或授意他人故意损害自己身体，造成自身损伤或疾病，称为造作伤。

很多医学院校为非法医学专业的医学生同样开设法医学课程，也是为了提高医学生综合分析的意识和能力，避免单纯从诊疗的角度出发而不做甄别性分析即作出诊断，导致误诊误治，甚至对证据的保全和相关案件的后续审理带来影响。

✥✥ 推断致伤方式

致伤方式是指损伤的形成过程。有些案件因双方当事人对伤者的受伤经过说法不一致，而又缺乏现场目击证人或者视频资料等证据时，则需要法医学鉴定人根据伤者的损伤的特征、现场勘查与案情调查、现场重现推断致伤方式。致伤方式的研究有助于确认致伤工具、打击过程及其与损伤程度之间的关系。致伤方式的推断不仅能为侦查提供线索，为审判提供证据，影响司法机关对案件性质的认定。

✥✥ 推断活体年龄

被告人、犯罪嫌疑人和被害人的年龄对于案件审理具有十分重要的意义。当这些人的年龄缺乏合法证明文件或年龄证明文件受到怀疑时，须进行年龄鉴定。活体

年龄推断是法医临床鉴定的重要内容一。活体年龄推断目前主要是应用影像学技术，例如 X 线、CT、MRI 等，按照相应的鉴定技术标准、规范和方法，对被鉴定人特定部位的骨骼或者牙齿拍摄影像片，通过对这些部位骨骼或者牙齿的生长发育特征等进行计算或者比对，从而推断其年龄范围。

❖❖ 医疗损害鉴定

医疗损害法医临床学鉴定是法医临床学司法鉴定人员应用法医临床学与临床医学等相关学科的理论与技术，对医疗机构对患者所实施的诊疗行为有无过错，以及该过错与患者的损害后果之间是否存在因果关系及其程度等进行的鉴定。

❖❖ 其他

在各类案件中还有其他各种法医临床鉴定需要，例如临床诊疗项目合理性和相关性鉴定、影像资料同一性认定、性功能鉴定、因果关系鉴定等。

➡➡ 法医临床学的基本任务

法医临床学最基本的任务是为案件的侦查、诉讼和司法审判提供科学证据。

❖❖为刑事案件的侦查、审理提供科学证据

法医临床学需要对刑事案件中的被鉴定人进行检验，确定损伤原因、致伤时间、损伤程度和致伤物种类等，为判定案件的性质、追究加害人的刑事责任提供科学证据。

❖❖为民事纠纷案件处理提供科学证据

民事纠纷中常常涉及对当事人出现的伤残等级、劳动能力丧失程度、护理依赖程度、误工期、护理期和营养期等进行赔偿，对于这些问题的评定可以为正确处理民事纠纷提供科学证据。

❖❖为行政案件处理提供科学证据

对于工伤事故、医疗纠纷等行政案件，有时需要通过法医临床鉴定，分析损伤原因、判断诊疗过程中有无不当或过错、评定残疾等级等，为行政部门处理工伤事故、医疗纠纷等提供科学证据。

❖❖为人身保险理赔提供科学依据

人身保险是以人的寿命和身体作为保险标的的保险。通过对被保险人是否患病、患病程度、患病原因、患病时限、损伤原因和伤残等级评定等，为人身保险理赔提

供科学证据。

✢✢为制定有关法规和标准提供依据

法医临床学不仅仅为司法提供医学方面的证据,而且还需要研究活体鉴定有关标准,为相关法律、法规的修订及适用提供建议或意见。

➡➡法医临床学的基本技术

法医学作为一门重要的应用性、鉴识性医学学科,与其他医学学科有着众多理论和技术交集。临床医学上所用的现代医学设备和仪器在探究病因、确定病变部位和判断机体功能状态等方面发挥了重要作用,也为法医临床鉴定提供了更精确、更可靠的检查手段,同时,这些技术的应用在法医临床学实践中被进一步丰富。

✢✢查体

法医临床查体主要是对受检者的生理及(或)病理状态、损伤的情况、某些特征等进行检查,对其一般状况、体表损伤、肢体活动度等进行详细、客观的记录,并对存在的体表损伤、缺损、畸形或功能状况异常的情形,通过拍摄照片等方式固定证据。查体以及其他辅助检查和实验室检验项目均应注重客观、科学,对被检者的陈述和自述症状要认真分析、综合判断。

✤✤✤影像学

影像学技术具有客观性、无创性、便捷性等优势，不仅广泛应用于现代临床医学以辅助诊断疾病，在法医临床学中的应用也越来越广泛，比如个人识别、骨龄推断、活体创伤诊断等均离不开影像学的使用，其结果作为重要证据被法庭采信。

法医临床工作者根据不同的检验目的，可以选择X线、CT、MRI、血管造影等不同的影像学技术，比如在需要明确骨挫伤、鉴别新鲜损伤与陈旧性损伤时，MRI具有重要意义。

✤✤✤神经电生理技术

在法医临床学鉴定实践中，无论是损伤程度还是伤残等级鉴定，因被检者特殊的诉讼心理，检验鉴定中常常有夸大或伪装，鉴定中对量化结果和客观结果的要求比临床医学更高，因此，神经电生理技术成了法医临床重要的技术手段，比如视网膜电图及视觉诱发电位等可以协助确认视觉功能损伤；耳声发射、听性脑干反应、听觉相关电位可以协助确认听觉功能损伤；肌电图、神经传导速度及体感诱发电位可以协助客观评定肢体功能；阴神

经反射、体感诱发电位、自主神经交感反应等可以协助诊断男子性功能障碍；脑电图可以帮助确诊癫痫；等等。

❖❖ 其他

在法医临床鉴定实践中，除了在功能障碍评定上力求客观科学外，在涉及要求准确测量相关损伤数值的案件中，确保损伤测量的准确性同样尤为重要。相关领域专家开始将影像学、图像测量分析学等用于创口长度、瘢痕面积以及肺压缩程度的计算。为了研究成伤机制和现场重建，生物力学技术和有限元模型技术也正逐渐走入相关鉴定中。

➡➡ 典型案例

❖❖ 只为这次损伤负责——新鲜骨折与陈旧性骨折的鉴别

老林和小林本是同村的乡亲，二人同属一个大家族，还有些亲戚关系，这样一老一少因为一些琐事推搡了起来，最终两人被赶来的民警和村干部拉开。老林自觉头晕胸痛，被家人送到了医院。经过医院的检查，老林的家人一下炸了锅，原来 X 线和 CT 显示老林双侧鼻骨骨折，还有一根肋骨骨折。

在打架后的第三天，双方一起来到法医鉴定中心。

老林态度明确,要求法医依据他的病历给他做鉴定,他认为病历和检查报告写得很清楚了,谁也不能否认。小林很不服气,声称自己根本没有打老林头面部,何来鼻骨骨折?

法医对老林进行了查体,鼻部没有发现明显肿胀、畸形,胸廓也没有明显畸形,似乎并没有发现什么有意义的线索。法医并未直接受理此案件,而是让老林等待一段时间后重新拍摄鼻部和胸部CT,再做分析。

一个月后,办案民警又带着老林来到法医鉴定中心,还拿来了老林复查拍摄的鼻部CT和肋骨CT。

法医对比分析了先后两次的CT影像:第一次和第二次的鼻部CT影像均存在双侧鼻骨骨折,但周围软组织都没有明显的肿胀迹象;骨折断端均较为圆钝,骨质密度增高,两次间并没有明显变化。两次肋骨的CT影像存在一定变化,第一次CT影像骨折线清晰,断端锐利,第二次CT影像相同位置出现了骨痂。

骨折是骨的完整性和连续性的中断。从症状体征上看,新鲜骨折病人的症状体征比较明显:骨折周围有明显的青紫、肿胀、疼痛,有的可出现骨擦感,功能受限更为明显。但是陈旧性骨折可能已经消肿,疼痛也有所减轻。

但是因为这些都偏于主观，法医的判断并不能完全依靠症状和体征。法医在鉴别新鲜、陈旧性骨折时，更多地依据骨折的影像学变化来判断。一般而言，新鲜骨折在X线、CT上骨折线清晰、锐利，无新生骨痂影，可伴明显软组织肿胀、组织积气或周围腔隙积液等；陈旧性骨折则骨折线模糊，可见骨痂生长或修复愈合、骨质疏松，一般不伴有软组织肿胀。不同部位的骨折修复方式不同，表现也不尽相同，比如鼻骨陈旧性骨折往往表现为断端圆钝、边缘密度增高、呈杵状改变、有时可见部分连接，而肋骨骨折则更多地表现为骨痂的形成。磁共振成像（MRI）也有助于区分新鲜骨折和陈旧性骨折，新鲜骨折因有骨髓水肿而呈信号变化，陈旧性骨折则呈较为均一的信号。

经过仔细的阅片、比对后，法医最终认定老林肋骨骨折的损伤程度属于轻微伤，鼻骨骨折为陈旧性损伤，不予进行损伤程度鉴定。试想，如果没有进行细致的鉴别，鉴定结果可能截然不同，对当事人的影响不仅仅涉及经济赔偿，还会涉及罪与非罪的认定。

经过法医的客观解释和办案单位工作人员的耐心调解，小林对鉴定结果表示满意，因为法医科学、客观、公正的判别，明确他只需对自己造成的损伤负责；老林对鉴定结果也表示满意，因为依据鉴定结果，小林赔付了老林医药费，并真诚地向老林道歉。事件得以圆满解决。

❖❖❖火眼金睛辨真伪——伪盲、伪聋的鉴定

民警带着一位中年男子走进法医接案室，"法医，我要做伤情鉴定，我的耳朵让人打聋了。"这个男子大喊着。法医认真查看了病历资料，上面记录着"右耳鼓膜穿孔，6周未愈合"，随后打量了下中年男子，让他先介绍下受伤过程。中年男子看着法医："你大点声，我听不清你说的啥！"无论问什么问题，这个男子总是听不太清的样子。好不容易，法医了解了基本情况，男子自称被他人扇耳光后出现了鼓膜穿孔，并且听力明显下降。两名值班法医一同对该名男子进行了一系列的法医临床检查。当把内耳镜伸向其右耳道时，发现该名男子目前右耳确有一个较大的鼓膜穿孔。但其鼓膜穿孔形态、部位有些异常。结合其送检的临床资料，观察受伤初期内耳镜检查照片其穿孔与常见掌击所致外伤性鼓膜穿孔的形态、部位并不一样，且其外耳道内壁存在划痕、血迹。此种情况常见于造作伤，也就是为达目的自己故意用尖物刺破鼓膜所致。在对其进行听力检测时发现，该名男子主观听力检测与客观听力检测结果矛盾。主观听力检测是需要被测人积极配合才能得出真实的听阈数值，而客观听力检测不受鉴定人主观意识控制，比如听性脑干反应是从头皮

上记录的由听觉通路传导的电位活动,通过测量波形、波幅和潜伏期,分析脑干的功能和听力受损的程度。该男子主、客观听阈检测结果存在较大矛盾,说明他的耳聋很可能为伪装或夸大而成,其目的就是嫁祸于他人,拿到赔偿。发现了伪装、夸大和造作的蛛丝马迹,法医并未对这个男子的鼓膜穿孔和耳聋进行评定。

  类似情况在法医实践中并不少见。某天,来了一位女性伤者,自称眼睛被人打瞎了。同样,法医认真审查送检资料,对被鉴定人进行了全面的法医临床检查,例如视力表、视觉诱发电位仪、眼底镜等,检查的过程中法医一直在不动声色地观察这个女子,她的某些反应让法医有所警觉。这个女子眼球外观和眼底镜并未发现明显的异常,但视力表检查结果提示视力受损严重。视力表检查,属于主观检查,由被检者自己说是否能看清、看到的是什么,仅靠此很难判断其所报结果是否真实。法医又给这个女子做了视觉诱发电位检测。视觉诱发电位,是在视野范围内以一定强度的闪光或图形刺激视网膜,可在视觉皮层或头颅骨外的枕区记录到电位变化,了解从视网膜到视觉皮层整个视觉通路功能完整性的客观检查。当视力检测的主、客观检查有出入时,要注意甄别是否存在明确眼外伤,伤后是否可造成视力障碍,检查过程是否积极配合，有无伪装夸大病情。当然，有了视觉诱发电位检测的佐证，这个女子自称的视力受损也未得到评定。

在法医临床学鉴定实践中，总会遇到被鉴定人为了某种目的，故意伪装疾病、夸大病情、隐匿伤情或故意在自己身上造成某种损伤或者疾病症状、体征的情况，例如伪盲、伪聋、伪装瘫痪等。针对此类情况，需要法医临床鉴定人认真了解案情、仔细分析病情。一方面注意被鉴定人的临床表现是否符合伤病的发生、发展及临床演变的一般规律。另一方面，注意其所提供的临床资料是否真实、可信。在进行鉴定过程中注意选择客观检测方法进行检测，排除不真实的检测结果，甄别真伪，最终结合客观检测结果作出实事求是的科学鉴定。

❖❖❖谁受伤谁有理吗？——致伤方式推断

某法医鉴定中心的等候大厅中突然嘈杂起来，有人高声争吵："我的手都这样了，你还喊冤，你就得赔我！"值班人员连忙上前查问。在办案人员和鉴定中心值班人员的劝导下双方才安静下来。双方被引入鉴定室后，分别陈述了案件经过，负责本案的派出所警官也提供了调查询问笔录和调取的医院病历。原来小王和小李本来素不相识，三天前同在一个街边的露天烧烤摊吃饭，仅仅因为

一点琐事两人居然动起手来。但是对于受伤经过两人陈述却不一致。小王义愤填膺地说,他和小李发生冲突后,小李拿起一啤酒瓶打他,为了自卫他用手臂抵挡,酒瓶打到他的右手背,医生说小拇指骨折了。小李却说小王比自己高比自己胖,攻击力很强,他自己根本没有什么反抗能力,只能拿起一啤酒瓶自卫,最终在争执过程中啤酒瓶摔碎,但并没有打到小王,明明自己才是受害者。同来的派出所警官也面露难色:附近的摄像头刚好被树木遮挡,没有拍摄下完整的事发经过。

值班法医查阅了所有相关病历及影像。病历记载:受伤当日小王因右手疼痛一小时到医院就诊。查体见右手背尺侧肿胀、压痛明显,可及骨擦感,右手皮肤无破损、青紫。X线片示右侧第五掌骨骨折。治疗经过:骨折手法复位外固定。

如果真如小王所言,小李将他打成掌骨骨折,小李可能要面临法律的惩罚。事情真的如此吗?

值班法医进一步对小王进行了查体,并对其X线片进行了认真的研究。打开小王右手外固定后,法医发现他的右手背尺侧肿胀,手背并无擦划伤或创口;X线片显示小王右手第五掌骨颈横行骨折,骨折线清晰,断端锐利,掌骨头向掌桡侧移位,骨折端背侧成角。

如果事实如小王所言,他的手确是被酒瓶打击致伤,那么属于直接暴力所致,酒瓶碎裂过程会产生锋利尖端或碎片,易于在皮肤留下擦划伤甚至创口,而且这类打击所致骨折更多见于掌骨干,且为横断或螺旋骨折;骨折应在暴力直接所致位置最严重。然而,无论是受伤后医院查体,还是伤后三天来做鉴定查体,都没有发现小王右手有明显擦划伤或创口;小王的骨折发生在第五掌骨颈,并非掌骨干;骨折线清晰,断端锐利,掌骨头向掌侧移位,骨折端背侧成角。小王的损伤和直接打击的损伤形态并不完全吻合,反而与"拳击手骨折"很是相近。

"拳击手骨折"因为多见于拳击运动员而得名,第五掌骨是发生此类骨折最常见的部位之一。因为在大弧度挥拳时,最先接触打击物的是第五掌骨。在拳头击打时力量过大、与硬物撞击,都会使冲击力沿掌骨纵向传递,由于掌骨颈处骨质薄弱,所以在此处易于发生骨折。骨折后由于肌腱的牵拉,掌骨头向掌侧倾斜,骨折向背侧成角。

派出所提供的证人询问笔录证实小王曾多次用拳头打击小李头部,但是没有小李拿酒瓶针对小王手及前臂

的暴力打击的直接证据。

经过这样一番分析,值班法医心中已经有了判断:小王的掌骨骨折应该是自己主动挥拳撞击到硬物所致,属于攻击性自伤。尽管小王受了皮肉之苦,但是让对方对这个损伤进行理赔和担责还是有悖于公平公正的司法原则的。

致伤方式是指损伤的形成过程。致伤方式推断是法医学工作者运用专业理论知识与技术对案件中有关损伤如何形成的专门性问题进行检验、分析并做出科学的鉴定意见的过程。致伤方式的推断可根据损伤的特征、现场勘查与案情调查、现场重现进行。在这个案例分析过程中,法医正是利用骨折的程度、类型、形态、位置特点,推断骨折发生的机制。实际案件中,损伤的双方可能对损伤的形成过程发生异议,分析和判断致伤机制对查明案情、准确定性进而妥善处理案件十分重要,影响到司法公正。

✣✣✣ 透视年龄密码——骨龄推断

一日,办案民警带着一个看起来初中年纪的少年进入法医鉴定中心。一般这个年纪的当事人都有父母陪着,但是除了民警,少年再无人陪同。办案民警把简要情况向法医进行了介绍,这个少年叫柱子,自称年龄16周岁。

原来民警们抓到一个偷电动车的团伙,其他成员都已经依法进行了处理,但是这柱子因为没有户籍信息,无法认定他自称的"16周岁"是否属实,所以民警又做了进一步走访。原来柱子自己也不知道自己的亲生父母是谁,出生在哪里,记事起就跟着一个拾荒的爷爷过活。民警询问了这位拾荒的爷爷,可是老人也不知道柱子的具体出生日期,只记得大概14年前拾荒时捡到了柱子,当时他还是个襁褓中的娃娃,一直收养至今,不知道如何能给孩子上户口,所以柱子一直是"黑户",也没有上过学。案件进一步处理的前提就是对柱子的年龄进行认定。这个命运多舛的孩子以为年龄可以随口一说,完全不知道它可能关乎自己的定罪量刑。

2020年12月26日,全国人民代表大会常务委员会表决通过《中华人民共和国刑法修正案(十一)》,并于2021年3月1日正式实施。其中对刑事责任年龄相关规定作出调整:已满十六周岁的人犯罪,应当负刑事责任;已满十四周岁不满十六周岁的人,犯故意杀人、故意伤害致人重伤或者死亡、强奸、抢劫、贩卖毒品、放火、爆炸、投放危险物质罪的,应当负刑事责任;已满十二周岁不满十

四周岁的人，犯故意杀人、故意伤害罪，致人死亡或者以特别残忍手段致人重伤造成严重残疾，情节恶劣，经最高人民检察院核准追诉的，应当负刑事责任；对依照前三款规定追究刑事责任的不满十八周岁的人，应当从轻或者减轻处罚。我国《刑法》对刑事年龄的规定体现了对未成年人的保护。

但是在案件侦查过程中总会遇到没有户籍，或者家属称当时户籍登记错误的情况，使得定罪量刑受到一定困扰。2000年，我国最高人民检察院《关于"骨龄鉴定"能否作为确定刑事责任年龄证据使用的批复》规定：若犯罪嫌疑人不讲真实姓名、住址，年龄不明，可以委托进行骨龄鉴定或其他科学鉴定，经审查，鉴定结论能够准确确定犯罪嫌疑人实施犯罪行为时的年龄的，可作为判断犯罪嫌疑人年龄的证据使用。目前在司法部颁布的《法医类司法鉴定执业分类目录》中，青少年骨龄鉴定属于法医临床鉴定中的一项。

骨龄即骨骼年龄，是人体生物学年龄的重要内容，是骨骼发育成熟度的一种度量单位。青少年骨骼在正常的生长发育过程中，会按时间发展顺序陆续出现继发骨化中心，并不断发育、发展，最终骨骼干骺愈合。骨龄推断，就是根据骨骼的继发骨化中心、长短和大小、形态学变化、干骺愈合程度等来推断年龄。目前,推断骨龄最常用的技术是 X 线检查,CT 和 MRI 也越来越多地应用于骨龄推断。

为了全面反映柱子的全身骨发育状况,法医让他拍摄了主要关节的 X 线片,再对不同部位骨化中心或者骨骺发育程度进行分级,推断其年龄应该是 13—15 岁。

柱子最终因为犯罪情节轻微,年龄未满 16 岁,而未被刑事处罚。柱子的情况也受到了社会各界关注,帮他开启了寻亲之旅,这个少年也意识到踏踏实实学一门手艺,脚踏实地过日子才是他今后该走的路。

▶▶法医物证学

➡➡法医物证学的研究对象

法医物证学的研究对象主要是与人体有关的生物物证,又称法医物证。包括血液、精液、唾液、阴道分泌物、尿液、鼻涕、乳汁、羊水及其斑痕,毛发、指(趾)甲、骨骼和牙齿,以及人体组织及脱落细胞等。

法医物证检材不同于临床实验室化验的医学样本,

由于犯罪现场的复杂性和案件过程的多样性,法医物证检材常因内外部物理、化学和生物等因素的影响而呈现不稳定性。例如,现场的一滴血,从它流出人体的那一刻起就开始变质,并且在温暖、潮湿的环境下这种变化还会加快。法医不能预测从血液滴落开始到案发现场被发现的时间,也无法控制血痕留存的环境,在进行检验前甚至不知道从现场收集的红色的斑迹是不是血迹。法医物证检材的不确定性,决定了法医物证检验尤其关注如何针对不同检材的特点,选择正确的实验方法并设计合理的分析策略。

➡➡法医物证学的基本任务

法医物证鉴定的基本任务是对案(事)件中的生物检材进行鉴定,主要解决司法实践中的个人识别和亲缘关系鉴定等问题。

✦✦个人识别

法医物证领域的个人识别是依据物证检材的遗传标记提供个体特征,通过鉴定前后两次或多次出现的物证检材的遗传标记是否相同来判断其是否来源于同一个体。很多民事和刑事案件都涉及法医个人识别,例如:

• 斗殴、伤害、谋杀及碎尸等刑事案件,常在犯罪现场或可疑凶器上发现可疑血痕,需要鉴定是否为人血、是否为被害人或嫌疑人所留。

• 猥亵或强奸案,常在现场或受害人衣裤、体表及阴道内遗留有作案人的精液,需鉴定其是否来自犯罪嫌疑人。

• 道路交通事故中,鉴定嫌疑车辆上的血痕、毛发和组织碎片是否来自死者或伤者,是判定二者是否发生碰撞的有力证据。

• 在空难、地震、海啸和泥石流等大型灾难事件现场中,需鉴定离断的尸块是否同属一人。

❖❖❖亲缘关系鉴定

亲缘关系鉴定是通过检验个体的遗传标记,并根据遗传规律分析,确定个体间是否存在亲缘关系,以及判断亲缘关系的层级。亲缘关系包括父母子女、兄弟姐妹、祖孙、叔伯姑与侄子(女)、舅姨与外甥(女)等。最常见的亲缘关系鉴定是亲子鉴定,即判定被控父母与子女之间是否具有血缘关系。司法实践中许多情况需要进行亲缘关系鉴定,例如:

- 当犯罪嫌疑人已经死亡或者在逃,导致无法进行同一认定时,可通过对生物检材与犯罪嫌疑人的父母、子女进行亲子鉴定来确定案件检材是否为犯罪嫌疑人所遗留。被拐妇女儿童、无名尸体、身源不明者,也可以通过亲缘关系鉴定来确定其身份。

- 某些家庭纠纷,如丈夫怀疑孩子非自己亲生;涉及财产继承纠纷,如女方主张某男子是其非婚生子女的生物学父亲;怀疑医院抱错婴儿或者怀疑试管婴儿配子错配的医疗纠纷等案件,都需要通过亲缘关系鉴定辅助认定事实。

- 在行政事务的办理中,可通过亲缘关系鉴定解决非婚生子女的户口登记及户口迁移、亲属移民或涉外子女移民事务等。

- 重大灾难事故中容貌毁损、高度腐败、碎尸块或其他无法通过外貌特征辨认身源的遇难者,可通过与家属进行亲缘鉴定实现身份认定。

➡➡**法医物证学的基本技术**

法医物证学的技术涉及多种学科,且应用了许多相关学科的新方法与新技术。

❖❖形态学方法

通常需借助显微镜技术及扫描电镜技术。如根据显微镜下毛发的形态结构能够区分人毛与动物毛,以及动物毛的种属。通过观察镜下细胞形态,有助于推断出血部位,确定血痕是鼻血、月经血或外周血等。

❖❖化学和物理方法

多用于DNA检验前试验。如联苯胺试验可用于快速排除非血痕的斑迹。淀粉-碘试验可辅助判断检材是否为唾液斑。紫外线照射下,精液斑显银白色荧光,斑痕边缘呈浅紫蓝色,可辅助鉴定人在衣物、床单等证物上寻找肉眼难辨识的精斑。在案发现场,可以利用激光照射大范围无损搜索精斑、唾液斑、尿液等体液类生物检材、骨骼牙齿碎片、脱落细胞等。这些方法通常不特异,但操作简单有效,有的非常灵敏,是检案过程中常用的技术手段。

❖❖免疫血清学方法

"法医血清学"曾是法医物证检验的核心。经典的沉淀反应和凝集反应可用于血痕种属鉴定、精斑确证试验、血痕血型测定等。标记特异抗体的免疫胶体金法是确证人精斑、血斑简便、常用的方法。

❖❖ 生物化学与分子生物学方法

电泳技术。如琼脂糖凝胶电泳、聚丙烯酰胺凝胶电泳、等电聚焦电泳、毛细管电泳等技术可用于测定人类血清型、红细胞酶型、DNA分型。

DNA指纹技术。1984年由英国科学家杰弗里斯发明,利用DNA探针杂交,获得类似条形码的系列条纹分型图谱,与指纹一样,每个个体的图谱独一无二。

PCR技术。能够将靶标多态性遗传标记的数目在短时间内扩大到几百万倍。

测序技术。桑格测序(Sanger Sequencing)能够分析线粒体DNA多态性,解决缺少核DNA的毛发与指甲等角化组织的个人识别与母系亲缘关系鉴定问题。新一代测序技术已应用在法医物证领域,高通量的特点可实现多种类型遗传标记同时分析,并加速了法医转录组、表观遗传组、非人源DNA等新兴领域的发展进程。

❖❖ 遗传学方法

亲缘关系鉴定应用遗传学原理对个体间的血缘关系进行分析。不同遗传标记的遗传规律不完全相同。此外,需要利用群体遗传学原理从人群中调查获得遗传标记的基因频率及进行基因座独立性分析,以计算各种遗传标记否定父权的概率及评估对 DNA 鉴定意见的把握度。

❖❖生物信息学方法与人工智能技术

随着二代及三代测序技术的发展及在法医物证领域愈加深入的研究和应用,作为生物学、计算机科学和信息技术的交叉学科,生物信息学技术能够处理、分析和理解生物学数据,结合人工智能和大数据,从检材的多组学数据中获得嫌疑人表型、现场环境、案发时间等诸多信息,多角度还原真实案件,提供侦查线索。

➡➡典型案例

❖❖莱温斯基的蓝裙子——法医个体识别

1998 年,时任第四十二任美国总统的威廉·杰斐逊·克林顿(William Jefferson Clinton)被曝与白宫实习生莫尼卡·莱温斯基(Monica Lewinsky)有染。丑闻曝光后,克林顿在公开场合一度极力否认,直到一条莱温斯基的蓝裙子被送往 FBI 实验室。法医专家在莱温斯基的蓝裙子上发现了精液斑,经 DNA 分析,证实精液斑正是来自克林顿。在有力的证据面前,即便是位高权重的总统,也不得不改变说辞,承认与实习生有"不正当关系"。

通过对蓝裙子上精斑的检验,与克林顿的血样进行比对,以确定精斑是否来自克林顿,这个过程就是法医个体识别,也称"同一认定"。法医物证鉴定是通过对生物检材的多态性遗传标记分型,来反映个体特征。现代法医物证学最初检验的是表达产物水平的遗传标记,比如血型、血清型、酶型。例如,在某个犯罪现场发现的血迹,经检验是A型血,而受害者是B型血,通过比对血型特征,显而易见,现场血迹并不是来自受害者;若犯罪嫌疑人张三的血型是A型,则发现的血迹有可能来自张三。这里又有一个问题:血迹一定来自张三吗?显然并不一定,因为具有A型血的个体太多了。而究其原因,是由于ABO血型本身的多态性不高,不足以区分开所有个体。

众所周知,当前法医检案主要采用的是DNA水平的遗传标记。其中,最常用的是一种叫作短串联重复序列(Short Tandem Repeat,STR)的遗传标记。STR遍布基因组,平均每15kb就出现一个。法医常用的STR在人群中大多有几十种基因型,仅需联合应用十几到二十几个STR,而不必测定全基因组序列,理论上就能将世界上除同卵双生子外的任意两个个体区分开来。DNA分型的优点还在于能从同一个体任何含有细胞的体液或组织中得到相同的结果。因此,无论在案发现场搜集到的是何种类型的检材——掉落的毛发、烟头上的唾液、门把手上的脱落细胞等——都可以和嫌疑人的样本进行比对。此外,法医DNA分型的灵敏度非常高,有时甚至仅需几个细胞就可以获得完整的STR分型图谱。并且,STR的分型结果能够以数字的形式上传到公安机关DNA数据库,与库中数据进行查询比对,实现快速串并案和搜索犯罪嫌疑人。鉴于在现代法医检案中发挥的重要作用,DNA证据已取代传统的指纹证据成为新一代的"证据之王"。

法医物证鉴识人员的日常工作就是处理来自各类现场的形形色色的生物检材。法医DNA分型有标准化的检测流程,来源于同一个体的不同组织、采用相同的遗传标记,在全世界各个法医学实验室的检测结果都应该是相同的,这也是DNA分型能够实现实验室间比对的前提。鉴识人员的工作又是时时充满挑战的。一个经验丰富的老手,更善于在纷乱复杂的案发现场发现并提取物证,同时从各种疑难检材中获得更多的信息,而这常常是案件侦破的关键甚至是唯一线索。

DNA的证据效力已得到全世界的普遍认可。伴随着信息技术的进步,许多国家纷纷开始筹建法医DNA数据库。在数据库中存储有违法犯罪人员及各类案件现场

检材的 DNA 分型。一旦有新案发生，就能将新数据录入库中实现快速比对。DNA 数据库的意义在于使法医 DNA 检验由被动发现犯罪嫌疑人转变为主动发现犯罪嫌疑人。1995 年，第一个 DNA 数据库在英国建立。我国的"全国公安机关 DNA 数据库"于 2003 年建成，但发展迅速。目前，我国 DNA 数据库的联网实验室数、DNA 检验能力、库存数量、年破案绝对数以及能力增长幅度均居世界第一位，是打击违法犯罪的利器。

❖❖❖谁是爸爸？——法医亲子鉴定

提到亲子鉴定，一定会有人想到影视剧里"滴血验亲"的桥段。这可真不是编剧的脑洞大开。我们熟知的"大宋提刑官"宋慈编著的《洗冤集录》里，就有"判血入水辨认亲子、兄弟"的记述；而在更早的三国时代，谢承著的《会稽先贤传》中亦有"以弟血滴兄骨验亲"的记载，又称"滴骨验亲"。这些朴素的认知，反映了古人对亲缘关系判别的思考：具有亲缘关系的两个体间，一定具有某种联系。但滴血（骨）验亲的方法其实并没有什么科学依据。

1900 年，被誉为"血型之父"的奥地利科学家卡尔·兰德斯坦纳（Karl Landsteiner）发现了 ABO 血型，法医亲子鉴定才逐渐步入科学时代。孩子的遗传物质一半来自父亲,一半来自母亲,亲子鉴定本质上是判定父母与孩子间是否符合上述规律。例如,父亲是 O 型血,母亲是 AB 型血,则孩子可能是 A 型或 B 型血;若孩子为 O 型或 AB 型则不符合遗传规律。依据血型判别亲缘关系,的确是简单且科学的方案,但远不能满足亲子鉴定的诉求。因为仅通过血型这一个特征,也只能够排除非亲生父(母)亲,而对亲生父(母)亲并不能认定。

1984 年,杰弗里斯发明了 DNA 指纹技术,并很快将其应用于亲子鉴定,解决了一桩棘手的移民案。利用 DNA 进行亲子鉴定,在现在看来司空见惯,但在当时是一次令人惊艳的技术与理论的革新。DNA 指纹的高度特异性克服了传统法医遗传标记鉴别能力不足的缺陷,使法医个体识别和亲子鉴定实现了从仅能排除到高概率认定的飞跃,被誉为法医物证分析的里程碑。从此,法医物证学进入了 DNA 时代。

当前法医 DNA 检验采用了比 DNA 指纹技术更简便、更高效、更易标准化的 STR 分型技术。对于每个个体,法医会同时检测一组 STR 基因座。亲生父母和孩子之间,若不发生突变,在检测的所有基因座上都应该符合遗传规律。接下来,是进行一系列的概率计算与统计分

析，得到一个数值，称为"亲权指数"。亲权指数是一个比值，比值越大，越倾向于支持被检男子（或被检女子）是孩子的生物学父亲（或母亲）。依据我国现行的亲权鉴定技术规范，当检测的所有STR基因座的累积亲权指数大于10 000时，可以得出"支持被检男子（或被检女子）是孩子的生物学父亲（或母亲）"的结论；而当比值小于0.000 1时，则可以得出"排除被检男子（或被检女子）是孩子的生物学父亲（或母亲）"的结论。

除了进行特定个体间亲子关系判定外，利用亲子鉴定的基本原理，结合数据库技术，还能够实现DNA数据库的家族搜索。2009年，全世界首个"打拐DNA数据库"在我国建成运行。失踪被拐儿童父母、疑似被拐人员和身源不明人员可到公安机关免费采血，并由公安机关将DNA分型数据录入"打拐DNA数据库"进行搜索比对。运用"打拐DNA数据库"的远程比对技术，能够快速、高效地查找被拐卖儿童。

父母与孩子间的亲子鉴定是最简单的亲缘关系判定。随着法制的完善，在报户、诉讼、继承、公证、寻亲等事项中涉及的其他类型，诸如祖孙、叔侄甚至更远的复杂亲缘关系鉴定诉求越来越多。截至目前，我国司法部已颁布了生物学祖孙以及生物学全同胞、半同胞鉴定实施规范,用以指导相应亲缘关系的鉴定。对于其他类型的亲缘关系判定方法,尚未出台相关标准规范,仍然是法医近年来探索的重要课题。

❖❖白银追凶的"撒手锏"——法医系谱搜索

1988年至2002年的14年间,在我国甘肃省白银市和内蒙古包头市先后有11名女性惨遭入室杀害。刑侦专家对案发现场遗留的指纹、足迹、生物痕迹等物证及犯罪嫌疑人的作案手法进行综合研判,认定是同一凶手所为。凶手专挑年轻女性下手,作案手段残忍,极具隐蔽性,造成巨大的社会恐慌。从第一起案件发生起,公安机关对案发地周边符合条件的男性进行了数轮排查,但均未取得实质性进展。在当时的技术条件下,虽然已获得凶手完整的DNA分型图谱,但在没有抓获犯罪嫌疑人的情况下,就无法比对,无法实现"同一认定"。

2011年,白银市建立了DNA实验室,并逐渐发展了Y-STR检测技术。2016年,白银市DNA实验室开始将过去采集的一万多份血样建立Y染色体数据库。我们知道,在正常情况下,人的每个细胞内都有23对染色体,包括22对常染色体和1对性染色体(女性是XX,男性是XY)。Y染色体是男性特有,遵循着同一父系遗传规律,

它从爷爷传递给父亲,再由父亲传递给儿子。同一父系的所有男性个体(比如父子、兄弟、堂兄弟、祖父孙子等),在不发生突变的情况下,Y 染色体的绝大部分区域是相同的。可以认为,Y 染色体是一个家族男性后代共享的身份识别标记。

同年 8 月,法医在对一份血样检验时发现,这份血样与"白银案"犯罪嫌疑人的 27 个 Y-STR 分型结果完全一致。血样来自高某明,2015 年因涉嫌违法犯罪被公安机关逮捕并抽取血样。但高某明与"白银案"犯罪嫌疑人的常染色体分型结果并不相同,因此,"白银杀手"不是高某明,但很可能是高某明的族亲。顺着这条线索,警方找到了高某明所在的高氏家族,再通过调查该家族各个男性后代的活动轨迹,最终锁定了时年 52 岁的高承勇。经常染色体 STR 和指纹比对,高承勇正是隐藏了 28 年的犯罪嫌疑人。

善于思考的你可能已经想到,Y 染色体是男性所特有,如果在案发现场提取的是一名没有 Y 染色体的女性犯罪嫌疑人的 DNA,或者没找到嫌疑人的父系亲戚,那么警方是否还能通过家系排查找到真凶?随着美国"金州杀手案"嫌疑人的落网,一种新型的侦查手段——"法医系谱学"受到广泛关注。在 1974—1986 年,被称为"金州杀手"的凶手在美国加利福尼亚州犯下至少12起谋杀案、约50起强奸案以及120余起入室盗窃案。与白银案相同,虽然多起案件的DNA检测结果都指向同一个人,但警方的DNA数据库中并没有凶手的数据,因此也就一直没有"比中"。直到2017年底,一个叫GEDmatch的网站给案件带来了转机。GEDmatch是一个面向社会公众开放的基因数据库,它建立的初衷是任何人都可以把自己的DNA数据上传到这个网站,通过与网站中已有的庞大的基因数据库比对,找到自己失散多年的亲戚,或者追溯自己的祖先。抱着一丝希望,警方将尘封已久的现场样本的DNA数据传至GEDmatch,惊喜地发现,这份数据匹配到了"金州杀手"的远亲。通过从网站管理者手中获得的远亲的信息,警方还原其所在家系,结合年龄、种族、体貌特征等信息进一步缩小犯罪嫌疑人范围,最终通过常染色体STR比对,成功锁定了这个躲藏40年的"金州杀手"。2018年,已经72岁的"金州杀手"被捕归案。

美国《科学》杂志发表的统计数据显示,以欧洲人遗传背景的DNA数据库为例,当数据库中存有大约300万个个体的DNA数据(约占该人群成年人总数的2%)时,该人群中超过99%的人口都可以在数据库中匹配到至少

一个三代表亲,超过65%的人口可以在数据库中匹配到至少一个二代表亲。必须强调的是,在"金州杀手案"中上传到GEDmatch的DNA数据远不止目前检案常用的几十个STR基因座,而是庞大的基因组数据。"法医系谱学"的兴起,得益于快速发展的高通量测序和芯片技术,以及近年来迅速积累的海量基因数据。截至2018年11月,在美国,大约有200起疑难案件使用了法医系谱分析技术,其中55%的案件检材有了匹配结果。鉴于在犯罪侦查领域取得的重大突破,"法医系谱学"被《科学》杂志评选为"2018年十大科学突破之一"。

"天网恢恢,疏而不漏",科技进步使这个成语具有了真正的震慑力。如果把犯罪嫌疑人比作一片树叶,家系搜索技术能够辅助公安机关将搜索范围从广袤的森林缩小到一棵大树,再顺着这棵大树的树枝,找到隐藏在黑暗中的树叶。犯罪嫌疑人即使再谨小慎微,也无法控制自己的亲属完全隐形,毕竟一个人要与世隔绝、完全没有亲属是有相当难度的。值得注意的是,包括"法医系谱学"在内的新兴法医遗传学理论与技术,在发展中还存在伦理、准确性、适用性等诸多争议,未来需要法学家、法医学家、伦理学家、执法机构等多方面共同努力,制定相关政策、法律和实践指南。

✤✤基因画像"黑科技"——法医表型刻画

2016年5月13日,美国得克萨斯州一名25岁女子失踪了。经过两天的搜索,终于在离家约8千米的一处废弃的房子里发现了她。但不幸的是,女子已经遇害。经法医检验,女子生前还遭受了性侵。法医从现场提取的生物检材中成功获得了可能来自犯罪嫌疑人的DNA分型,但在数据库中并未比中。而通过讯问和测谎,几名嫌疑人也一一被排除。在女子被杀后的一年半里,案件没有取得任何进展。直到警方关注到一项名为"快照"(Snapshot)的技术。这项技术宣称可以通过DNA推测来源个体的外貌特征。"快照"结果显示,该案的犯罪嫌疑人很可能是具有欧洲血统的白人男性,具有棕色或浅棕色头发,蓝色或者绿色眼睛,还有一些雀斑。警方向公众发布了这一信息后仅过了几小时,就收到了很多有关嫌疑人的举报,其中就包括本案真正的凶手。此人是遇害女子的朋友,但基于案发后的调查情况,警方从未将其纳入犯罪嫌疑人范畴。几天后,调查人员抓捕了凶手,他也对自己的犯罪行为供认不讳,并且提供了只有凶手才可能知道的犯罪现场细节。不久,凶手以谋杀罪被指控。

通过目击者或受害人的描述,给犯罪嫌疑人画一幅肖像,再发布通缉令,是刑侦人员常用的方法。但很多时

候并没有人目睹案发经过，或者由于各种原因，证人的证言有误，都会影响办案进程，甚至偏离正确方向。案发现场常常遗留有来源于犯罪嫌疑人的生物痕迹，如被害人奋力反抗时可能会使凶手受伤出血。通常法医会对血迹进行分析后，录入数据库进行比对，寻找匹配的数据。如果有记录，血迹主人的身份就明确了。但若数据库中没有相应的记录，此时DNA证据的价值便无从体现了。

近些年，法庭科学领域一个新的研究动向是发掘和解析遗传物质能够提供的更多信息。俗话说"龙生龙，凤生凤"，身高、面部特征、肤色等外在表型具有强大的遗传成分。一个人的外在表型直接源自隐藏在细胞内的"基因密码"，而这些"基因密码"主要是基因组中一种叫作单核苷酸多态性（Single Nucleotide Polymorphism，SNP）的遗传标记。科学家们通过全基因组关联分析等研究策略，已经挖掘到大量与外貌特征相关的SNP，它们能够影响甚至决定头发与虹膜的颜色、皮肤色素沉淀（如肤色深浅和雀斑）、身高、毛发特征（如发色和是否卷曲），等等。在这个领域，欧洲和美国的研究起步较早。2011年，荷兰科学家研发了IrisPlex系统，用于推测人眼虹膜的颜色，后来又陆续加入了推测发色、肤色的遗传标记，该系统已经开始用于案件检验。

除了肤色、发色、虹膜颜色等单一性状外,科学家也在尝试构建犯罪嫌疑人的面部图像,这是真正意义上的"DNA画像"。遗传是决定人脸特征差异的主要因素。一个显而易见的事实是,面部特征具有人种差异,比如白种人通常鼻梁高、鼻翼窄、鼻尖偏小,而黄种人的鼻梁较低、鼻翼宽、鼻尖大。因此,可以依据现有的较为成熟的方法首先推测嫌疑人的种族、年龄、性别、肤色等信息,构建出一张"平均脸"。接下来再根据不同人的基因特点在"平均脸"上进行微调。在人群内部存在的个体差异大多也与遗传相关。中科院的唐鲲实验室建立了一种针对3D面部图像的测绘方法,并研究了如何用10个SNP位点来预测汉族女性的嘴唇形态。该实验室还建立了面部特征变化与年龄的对应关系,用以校正DNA分子画像。美国的施赖弗实验室以非洲-欧洲混合个体为研究对象,筛选出24个与面部形态显著相关的SNP,并研究了基因对面部建模几何形态差别的影响,比如鼻子是否更平,颧骨是否更宽。美国的帕拉班纳米实验室的构想则更为大胆但也颇具争议:他们将人工智能技术与基因大数据相融合,具体而言,就是将海量的人脸相片与对应的基因数据导入系统,逐步训练计算机将人脸相貌与基因进行关联。历经数十万、数百万甚至更多深度学习的

计算机将拥有全新的"智慧"。当遇到新的样本时,人工智能即可通过过往的"经验"对受测者的相貌进行预测与重构。

当前,DNA 表型刻画的研究与应用已初见成效,随着对遗传机制的研究不断推进和计算机技术的持续优化,DNA 势必能提供给侦查人员更多有价值的信息。在未来的某一天,仅仅凭借一滴血就能够让"嫌疑人 X"现身的设想极有可能成为现实。

❖❖喵星人立功破大案——非人源法医遗传学

1994 年 10 月,在加拿大爱德华王子岛,一名 32 岁的女子在家中失踪了。三周后,警方在距离她家 8 千米的树林里发现了一件沾满该女子血的男式的皮夹克,在皮夹克的内衬上还附着着几根白色的毛发。经过调查,警方锁定了女子已经分居的丈夫。而当警方进入他家的时候,他们看到了家里的另一个成员———一只白色的美国短毛猫"雪球"。皮夹克上附着的毛发和"雪球"的血液样本很快就被送到 DNA 实验室。经检验,两份样本的 10 个STR 基因座分型结果都是相同的,而这种分型在爱德华王子岛所有猫中出现的概率约为 2.2×10^{-8}。也就是说,有很充分的理由相信皮夹克上就是"雪球"的猫毛。

在证据面前，女子丈夫承认，由于孩子的监护权问题，他和女子起了争执，然后残忍地杀害了她。这是首个将家养动物DNA作为证据侦破案件的报道，"雪球"的毛发将它的主人与那件带血的衣物牢牢地绑定在一起。猫、犬是常见的家庭宠物，在我国城镇家庭中，宠物猫、犬的总数已经超过1亿只。它们的毛发会出现在家里的各个角落——地板、沙发、草坪——即使再勤劳的宠物主人也没办法彻底清理干净。宠物毛发在侦查中的意义在于，它们很容易沾在嫌疑人和受害者身上，进而将他们与宠物所在地联系起来。

伸张正义的除了这些跑来跑去的小动物，还有花草树木。1992年5月2日，在美国亚利桑那州凤凰城郊区一片长满假紫荆树的沙漠中，一名女性受害者的尸体被路人发现。经法医检验，她是因勒颈窒息而死，体内留有精液，指甲中发现有新鲜的血迹，这表明，她死前极有可能曾与凶手发生过性关系并进行过激烈的搏斗。经调查，警方很快找到了犯罪嫌疑人。嫌疑人承认认识受害者，承认两人当天发生了性关系，说二人发生争执扭打过——这也能解释了为什么受害者指甲里有他的血——但并没有杀死她，并且信誓旦旦地说自己"已经15年没去过那片发现她的沙漠了"。显然，他并不知道，警方已

经在他的皮卡车车斗中找到了几个假紫荆豆荚。为了证实这几个豆荚来自那片沙漠,植物分子遗传学家蒂姆·海伦吉瑞斯(Tim Helentjaris)博士建立了从豆荚中提取DNA的方法,利用随机引物扩增技术分析了来自不同假紫荆树的豆荚。他发现,每棵假紫荆树的基因都是独一无二的。在法庭上,博士用有力的科学证据向陪审团证实了,假紫荆树具有高度的遗传差异,而嫌疑人卡车上的那几个豆荚就来自现场的一棵假紫荆树。接下来就需要嫌疑人去解释,为什么他从未到过现场而他的卡车上却有现场那棵假紫荆树的豆荚。

为满足刑事侦查和司法审判的需要,尤其是得益于近年来基因组研究和测序技术的快速发展,当前的法医物证学的研究对象已经逐渐从传统的人的遗传标记扩展到动物、植物甚至微生物等非人源遗传物质。在"雪球"和豆荚的案件里,本质上是通过对动植物的个体识别为证明案件事实提供了证据。目前,已经有对猫、犬、牛、马、羊等多种动物进行个体识别的检测技术。

很多时候,可能不需要将检材回溯到特定个体,鉴别其来源于哪个物种更为关键,我们称之为"种属鉴定"。这项技术常用于打击破坏野生动物资源犯罪的活动中。

在侦查和定罪量刑的过程中,鉴别野生动物制品的物种、确认地域来源是必须解决的首要问题。通过肉眼观察或者显微镜检,有经验的专家能够解决部分鉴定诉求,但判别结果可能会受主观因素影响,并且无法对深加工的样品(比如象牙制品、羚羊角粉)进行准确的鉴定。此时DNA技术便成为一种十分可靠、有效的方法。种属鉴定通常采用一种叫作"DNA条形码"的技术。它实际上是检测生物体内一段较短的DNA序列。这段序列在物种内保守,而在物种间有较大差异。鉴识人员通过扫描这段DNA的碱基排列,再利用软件在数据库中进行比对查询,便能够实现对物种的识别。2022年1月,司法鉴定科学研究院的法医物证专家就通过DNA条形码技术,成功地鉴定出上海海关查获的一批走私鱼翅中有大约71.8%来自易危动物深海长尾鲨。

法医鉴定的目的是为案件侦查提供线索,为审判提供证据。办案的需要就是法医不断创新技术、开拓新战场的原动力。法医物证学是年轻的、充满活力的,在它的发展进程中,不断借鉴各领域的研究成果,不断建立和完善自身的理论架构,也在不断丰富和促进法医物证检验的内涵和外延。

▶▶法医毒物学

➡➡法医毒物学的研究对象

法医毒物学是研究自杀、他杀以及意外灾害所引起中毒的一门科学,其研究对象包括毒物的性状、来源、进入机体的途径、毒理机制、中毒症状、在体内的代谢和排泄、中毒量、致死量及中毒后的病理变化等,以及检材中有关物质的分离和鉴定方法。

➡➡法医毒物学的基本任务

法医毒物学的基本任务主要是解决是否发生中毒,是何种毒物中毒,进入体内毒物的量是否足以引起中毒或死亡,毒物进入体内的时间、途径和形式及案件性质(自杀、他杀、意外、药物滥用)等问题。为此,应了解案情和临床经过,勘验现场,进行全面的尸体检查,收集合适的检材,做系统的法医毒物分析,正确评价毒物检验结果,进行综合分析,最后得出结论。法医毒物学可以为揭露罪犯毒杀手段、侦破和审理中毒案件提供证据;同时,为临床提供诊断、治疗、预防措施的依据,协助正确处理违章造成的毒物公害等。

➡➡法医毒物学的基本技术

在法医毒物学的研究中,常用的技术主要包括毒理学试验和毒物分析。毒理学试验包括急性毒性试验、慢性毒性试验和致癌性试验等,以验证毒物的危害性;毒物分析的主要目的则是确定毒物的种类和含量,其除了普通的化学分析法外,近年来由于技术手段的发展,气相色谱、液相色谱、质谱、原子吸收光谱、分光光度等仪器分析法也被广泛应用,大大提高了检测的灵敏度和准确性。下面介绍一些常用的毒物分析技术方法。

✣✣形态学方法

形态学方法是通过对检材的外观形态或显微形态进行辨认,对动植物类药物、毒物进行初筛和鉴别。形态学方法主要对形状、大小、色泽、质地、包装等外观形态方面的特征进行检验,中草药材、剩余药渣等还可通过显微镜观察其组织构造、细胞及后含物的种类等显微形态特征,并与已知对照品的形态特征进行核对鉴定。

✣✣免疫分析法

免疫分析法是以毒物和标记毒物与特异抗体竞争结合反应为基础的分析方法,具有灵敏度高、选择性强、操作简便、省时及耗材少等优点。但每一类毒物需专用试

剂，如酶联免疫吸附法用于吗啡、苯二氮䓬类安眠药、苯丙胺类、大麻类和可卡因类毒品等多种药物（毒物）的筛选。

✥✥理化分析法

理化分析法是将物质的物理或化学性质应用于分析，在不借助仪器设备的条件下通过简单操作迅速筛选判断微量毒物。如利用熔（溶）沸点等物理常数测定可定性纯物质，而微量显色反应、微量沉淀反应等微量化学反应则有较广的适用范围。

✥✥仪器分析法

仪器分析法是利用能反映药物（毒物）某些固有理化性质的仪器来达到分析目的的方法。利用高性能化学分析仪器测量毒物的物理量而得到分析结果，具有灵敏度高、重现性和选择性好、分析速度快和检材用量少等特点。仪器分析技术类别很多，可应对多样、复杂的毒物检验工作，应用得比较多的几种仪器分析法包括：

- 光谱分析法

光谱分析法是利用物质对电磁辐射的吸收或发射现象的原理和实验方法以确定物质的结构和化学成分的分

析方法。利用不同光谱分析法的特征光谱及整个光谱的形状可以进行定性分析，利用光谱强度可以进行定量分析。其中，紫外-可见分光光度法可用于检测吸收波长在200～800纳米范围内的物质，这类毒物都含有芳香环或不饱和共轭结构，如巴比妥类、苯二氮䓬类和吩噻嗪类药物及茚满二酮类和香豆素类杀鼠药等；对于亚硝酸盐等在紫外-可见光区无吸收的物质，可利用显色剂进行转化再间接测定。荧光分光光度法可用于微量甚至痕量毒物的定性定量分析，主要对油脂、药物、毒物、矿物等物证的激发光谱和荧光光谱进行分析。原子吸收分光光度法则广泛用于金属元素测定。

- **色谱分析法**

色谱分析法是建立在被分离组分在两相间具有不同分配特性基础上的分析方法。色谱分析有以下类型：

薄层色谱法。薄层色谱法是将固定相铺于平板上，以不同的溶剂作为流动相，依靠吸附剂中的毛细现象，待测毒（药）物沿着一定方向移动，由于不同组分在两相间分配特性或吸附作用的差异而得以分离的色谱方法。

气相色谱法。 气相色谱法是以气体为流动相的色谱法，适用于分离、分析有一定挥发性和热稳定性的化合物，但对于难挥发、热稳定性差和极性过大的毒物难以分析，可广泛应用于药物（毒物）分析、定性和定量测定及治疗药物的检测和毒物代谢研究等。分析过程一般包括试样前处理、色谱条件选择、定性方法确定、定量方法学考察等分析过程。

高效液相色谱法。 高效液相色谱法是在经典液相色谱基础上，引入了气相色谱的理论和实验技术，以高压泵输送流动相，采用高效固定相及高灵敏度检测器，使分离效率和分析速度明显提高的液相色谱法。该方法不受被检测样品挥发性和热稳定性的限制，并且流动相的选择范围较大，可以更有效地控制和改善分离条件，提高分离效率。广泛应用于常见的安眠镇静药物、管制精神药品和麻醉药品等的分析检测，还特别适用于抗凝血类杀鼠药、大分子生物碱等毒物的分析。

毛细管区带电泳法。 毛细管区带电泳法是以高压电场为驱动力，以毛细管为分离通道，毛细管中填充缓冲溶液，依据样品中各组分之间淌度（溶质在给定的缓冲溶液中和单位电场强度下单位时间内移动的距离）和（或）分配系数的不同，在电场作用下利用组分电泳淌度的差异而进行分离的液相分离技术。毛细管区带电泳法可用于分析多种体液样本如血清或血浆、尿液、脑脊液及唾液中的毒品和药物。

• **有机质谱与两谱联用技术**

有机质谱法。有机质谱法是采用高能电子束使气化的有机分子生成带正电荷的阳离子,进一步使带电荷的离子裂解成一系列的碎片离子,加速后导入质量分析器,在磁场作用下以离子的质荷比大小顺序进行收集并记录得到质谱图。利用质谱图中离子峰的位置进行定性和结构分析,利用离子峰的强度进行定量分析。目前,质谱法主要是与其他技术联用进行药物(毒物)的鉴定。

两谱联用技术。两谱联用技术是将质谱、色谱等分析仪器通过适当接口相结合,借助计算机数字化处理进行联用分析的技术。色谱法可以将复杂混合物中的每个组分分离,而质谱法具有灵敏度高、定性能力强,可以给出化合物分子结构信息等特点,在实际应用中将色谱法和质谱法两谱联用,可同时发挥上述优点。目前应用较广泛的是质谱-质谱联用、色谱-质谱联用技术等。质谱-质谱联用是由二级以上的质谱仪串联而成,又称串联质谱法,是将分离和鉴定融为一体的分析方法,尤其适合于

痕量组分的检测。

气相色谱-质谱联用。气相色谱-质谱联用是将气相色谱柱流出的各组分通过接口进入质谱仪进行监测的联用技术,其分析灵敏度高,适用于分子量低于1 000的低分子化合物分析,尤其适用于挥发性成分的分析。液相色谱-质谱联用是液相色谱仪和质谱仪在线联用技术,分析范围广,适用于分析强极性、热不稳定性、非挥发性及大分子化合物,并可同时分析原体及代谢物;样品前处理简便、快速、不需衍生化,检测灵敏度高;它也是分析、鉴定药物(毒物)、进行药物(毒物)代谢与药物(毒物)动力学研究的先进技术,已应用于苯二氮䓬类、苯丙胺类、氯胺酮及吗啡类生物碱等药物(毒物)的分析。

近年来,除单一毒物中毒外,使用两种以上药物混合中毒者逐渐增多,以农药、催眠镇静药多见。由于两种以上药物混杂,其中各药物的性质、结构和药理作用不同,进入体内途径以及在体内的吸收、代谢、排泄情况也各异,因此毒物化验在提取、纯化和检测方法上较单一药物要复杂得多。其关键是所用的提取纯化方法要确保各种药物均能提取出来,然后根据具体情况,再选择适宜的检测方法。

➡➡法医毒物学的临床检验

✦✦LSD 与 NPS

•不能舔的"邮票"——伪装起来的毒品

沈某某和王某某2017年相识于一个音乐节,两人都热衷音乐,都曾经因为吸毒被行政拘留。2018年12月,被告人王某某向被告人沈某某贩卖毒品"邮票"125片。后者又向被告人孙某某贩卖毒品"邮票"20片。2019年1月9日,佳佳向被告人杨某约购毒品"邮票"2片。当日,被告人孙某某将"邮票"2片交付佳佳。经鉴定,从"邮票"中检出麦角酰二乙胺(LSD)成分。经称重,2片"邮票"净重共计0.03克。最终,四名被告人均到案,部分毒品已起获并收缴。经审理,法院认定王某某、沈某某等四人贩卖毒品罪罪名成立,分别被判处有期徒刑九至十一个月不等的刑罚,并判处罚金。

到底什么是LSD呢?我们先来看看它的前世今生。

•LSD的诞生

故事要从中世纪欧洲讲起。当时农业技术有限,家家户户都吃黑麦做成的面包,与此同时,一种诡异的疾病却开始在欧洲流行开来:发病的患者要么疼痛不断、手脚

溃烂,要么精神错乱、痉挛瘫痪。当时人们既找不到原因,又没办法医治,只能依照惯例,把锅甩给鬼神。并将这种疼起来如烈火焚身的病症称为"圣火"。点燃这把"圣火"的元凶显然不是什么鬼神,真正的秘密就隐藏在他们日常食用的黑麦之中。田里的黑麦经常会遭受麦角菌的侵袭,这些真菌会寄生在黑麦麦穗上,并顶替麦粒长出一个黑乎乎的菌核,这就是麦角。麦角中含有多种有毒成分,混入黑麦中的麦角一旦被人食用就会引发一系列中毒反应,严重时会造成血管收缩四肢坏死。仅在944—945年,就有两万巴黎百姓受到麦角中毒侵害,不幸的是一直到中世纪结束都没有人发现麦角和"圣火"的直接关联。直到17世纪才有人把这幕后黑手揪了出来,大家手里的黑麦面包瞬间不香了……

对麦角的研究经历了一波三折,但仿佛命中注定一般,这个让无数前辈屡屡铩羽的麦角却在一位名叫艾伯特·霍夫曼(Albert Hofmann)的研究员手上化腐朽为神奇,他首次人工制造出了最为有效的子宫收缩止血成分——麦角新碱,将其强化为甲基麦角新碱后又分离出了麦角毒碱,并将其改造成能改善老年人大脑功能的药物——氢化麦角毒碱。这些药物代表了麦角类化合物的核心药理作用,能收缩子宫平滑肌和调节中枢神经,直到今天依然在临床上发挥着重要作用。但它们的知名度远远赶不上之后横空出世的一个代号为 LSD 的化合物。

原本这种化合物根本没有登台亮相的机会，1938 年霍夫曼就合成出了这种麦角酸衍生物，但在动物实验中没检测出特殊药效。时隔 25 年，他又把 LSD-25 从失败品中拿出来，重新做测试。1943 年春天，霍夫曼正在实验室里倒腾一种半合成化合物，突然，他感觉到一阵眩晕，紧接着他感觉自己穿越进入了另一个世界，只见灿烂异常的阳光刺得他难以睁眼，同时，无数美轮美奂的图像也一窝蜂地涌入他的脑海……"我好像整个人都掉进了万花筒里，到处旋转着绚丽多彩的图形……"从此，人类有史以来最强的致幻剂——化学名麦角酸二乙酰胺，代号 LSD——登上了历史舞台。

- **何以为毒**？

随着实验的推进和媒体的添油加醋，LSD 却以另一种画风上了热搜。流出医学界的 LSD 掀起了致幻剂的狂潮，以美国为首的西方工业国家中的很多人都对此欲罢不能，他们都想体验一把 LSD 的致幻之旅，军方还一度试图将其用作审判中的"吐真剂"。很快，LSD 的滥用被推向巅峰。据估计，到 1965 年末，美国服用 LSD 的人数从

2万暴涨到400万，其中大部分是青年人。

故事进行到这里，有人要问了：LSD为什么具有如此强的致幻效果呢？原来，LSD引起幻觉的剂量仅为0.1～0.5毫克，成人致死量约为14毫克或更高。服用低剂量（20～50微克）LSD即可表现为不安、警觉性提高、交谈能力增强、思维敏捷等，这种状态可以持续几个小时；中等剂量（75～150微克），则会出现眩晕、肌肉抽搐、定向力减退、烦躁易怒、血压升高等症状，或者出现幻视、幻听、感官增强、时间与空间距离感紊乱等感官异常；较大剂量（200～500微克）还可以造成自我意识减退或者消失，甚至产生中毒性精神病，出现被害妄想，导致精神分裂，极易引起自伤或者攻击行为。口服LSD后30～60分钟后会出现症状，2～3小时达到高峰，能持续8～12小时甚至更久。吸入或者静脉注射出现症状更快。LSD主要是通过提高脑内5-羟色胺(5-HT)水平或抑制5-HT释放而发挥作用，如LSD与5-HT会竞争同一受体，导致低剂量的LSD促进突触传递，高剂量的LSD抑制突触传递，使正常的感觉传入过程受到干扰，引起错误的感觉反应，最终形成感知歪曲现象。除此之外，LSD还可通过影响其他神经递质的作用从而产生致幻效果。

不仅如此，长期服用LSD还可产生耐受性和精神依赖性。在LSD催化下，美国年青一代兴起了"嬉皮士运动"，一时间，与滥用LSD相关的事故、精神疾病、犯罪接连不断。霍夫曼和山德士公司也因此饱受批判和质疑，这一切让身为LSD之父的霍夫曼始料未及。在他看来，LSD就像他辛辛苦苦培养出来的孩子，他原指望孩子能在精神病学领域研究中有所作为，却怎料他一进入社会就误入歧途，为祸四方，搅得天下大乱。于是山德士公司于1966年停止了LSD的生产和供应，与此同时，各国政府开始加强立法严格管控LSD和其他类似致幻药物。

• **新型毒品NPS**

近些年，一些具有兴奋、致幻效果的新精神活性物质（new psychoactive substances，NPS），继鸦片、海洛因等第一代毒品和以甲基苯丙胺为代表的第二代毒品之后重新粉墨登场。"神仙水""娜塔沙""0号胶囊""氟胺酮"等等令人眼花缭乱的名字强烈吸引着年轻人的眼球。这些NPS的滥用方式多种多样，可以口服，也可以经静脉或者皮下摄入，或者撒在烟草上面吸入；又因为NPS不受国际公约的严格管制，具有极强的伪装性、迷惑性和时尚性，同时呈现出种类多、更迭快速、滥用严重、危害重大等特征，给公共安全带来了巨大挑战。

NPS家族十分庞大,目前被发现最多的是卡西酮类和合成大麻素类化合物,同时还有苯二氮䓬类、哌啶类、苯乙胺类和合成阿片类化合物。合成大麻素类物质是以四氢大麻酚为先导化合物,经过化学修饰,达到模拟四氢大麻酚的生理作用并逃避法律管制而合成的一类化学物质,使用后可产生强烈的兴奋或致幻作用,并具有迷惑性强、更新迭代迅速、药理作用不明等特点,难以形成有效监管,是全球范围内流行广泛、危害最严重的一类新精神活性物质,我国更是将整类合成大麻素类物质列为毒品管制。

• 毒品鉴定

在很长一段时间里,合成大麻素类物质的毒理作用和代谢机制研究匮乏,亦缺乏相应的毒性系统量化评估体系,无法客观评价相关的中毒死亡原因或其对行为能力的影响。同时,目前常用的靶向分析策略依然需要依赖标准物质,而标准物质研制的花费巨大、时间周期长,对于新出现的未知化合物束手无策,鉴定时极易漏检,造成假阴性。因此,我们在实际工作中可以本着由点及面的方针,以合成大麻素类化合物为抓手,提高检测效率,增加可检出目标物,最终形成一套针对NPS的完善且可推广的治理体系,为我国社会主义法治建设提供强有力的技术支持。

随着检测技术研究的深入开展,针对各类毒品的检测方法与检测手段也愈加丰富完善。近些年国内外针对NPS的检测技术也有了较快的发展。气相色谱-质谱法主要适用于检测热稳定性好、易于气化的物质检测,具有分离效果好、灵敏度高、定性准确、分析快速等特点,是目前毒品检测中的主要方法之一。2018年,埃瓦·汤姆扎克(Eua Tomczak)等人以萃取分离了血清中的4-CMC合成卡西酮类NPS,检测限和定量限分别为0.3纳克/毫升、1纳克/毫升,线性范围1～500纳克/毫升,相关系数大于0.997 9。液相色谱-质谱法适用于不易挥发、高沸点、热稳定性差、分子量较大的物质,可以避免气相色谱中烦琐的衍生化等问题。2017年,卢卡·莫里尼(Luca Morini)等人利用液相色谱质谱联用技术鉴定了血液中25B-NBOMe、25C-NBOMe等苯乙胺类NPS,定性检测限低至0.02～0.05纳克/毫升。另外,毛细管电泳、电子电离、电喷雾电离、大气压光电离等色谱分离技术也是药(毒)物分析常用手段,在NPS检测中亦有应用。

总之,助力打击毒品犯罪、维护社会公共安全,促进社会主义法治建设是每一位法医毒物工作者的使命与追求。了解NPS的前生今世,掌握它的结构、毒性与精神

活性的关系,解析其代谢特征、质谱特征,综合构建 NPS 的毒性风险量化评估平台,形成快速有效的法医毒物学监测预警体系,可为执法机关在处理相关案件时提供技术支撑,提高突发公共安全事件的处置能力和水平,对全面推进依法治国、维护国家公共安全与实现社会公平正义具有重要的意义。

❖❖❖毛发在毒品检测中的应用

• 诚实的头发

2020 年 5 月 18 日 19 时许,N 市某局副局长李某因车位被人霸占与他人发生斗殴,公安人员接报警后到现场调查处理,发现李某被举报涉嫌吸毒,遂对李某进行了毒品尿检,结果为阴性。此后两日,公安机关又对李某进行了两次毒品尿检,结果依然是阴性;在此期间,公安机关还对李某的办公场所和住处进行了检查,也没有发现任何毒品或吸毒工具。同月 21 日,李某因精神过于亢奋被家属送入 N 市心理医院住院治疗,被诊断为"躁狂,不伴精神病性症状",并在医生指导下服用了大量稳定情绪的药物。李某住院期间,公安机关安排禁毒民警到医院提取了李某的头发样品用于吸毒检测。经检测,李某的头发样品中检测出有毒品氯胺酮成分,且毒品含量是检出阈值的100余倍。负责检测毒品的专家提供证言认为，如此高的毒品含量，只能是长期大量吸食毒品所致。那么，为何在尿检阴性以后还要进行毛发检测呢？毛发真的"会说话"吗？其是何种原理呢？

• **毛发检测原理**

事实上，吸毒之后，毒品及其代谢物在人体内会残留一段时间，在此期间身上长出的任何毛发，都是永久含毒的。参考我国《涉毒人员毛发样本检测规范》的第十条：发根端3厘米以内的头发样本检测结果为阳性的，表明被检测人员在毛发样本提取之日前6个月以内摄入过毒品。头发的生长速度为0.7～1.4厘米/月（平均1厘米/月），休止期大约3个月。因此，规定如果送检的3厘米头发样本不含毒，即可说明此人6个月内无吸毒行为。同时，毛发检测前的处理工作可排除外界污染导致的假阳性，且很少在正常人群的头发中检出毒品。

当前全球范围内毒品滥用问题仍旧呈蔓延趋势，戒毒人员复吸率居高不下，吸毒群体不断年轻化，且新型毒品层出不穷，已经引发了众多社会问题。在打击毒品违法犯罪活动的过程中，毒品检测技术发挥着至关重要的作用，为吸、贩毒人员的定罪量刑提供了法律依据，影响

着毒品治理的方向。其中毛发分析技术由于其取材方便、取材过程更人性化、检材性质稳定、不易掺假、易于运输并长期保存、检出时限长、检测准确度高、适用范围广等优点,现已成为法庭科学领域毒品检测的常规检材。目前,用于毒品分析的毛发检材主要包括头发、腋毛、胡须、阴毛,其中头发是最常用的毛发检材。毛发是由毛球下部毛母质细胞分化而来,其主要成分为角质蛋白,占毛发重量的90%~95%。毒品与毛发的结合在毛发形成和生长过程中都可以发生。毒品进入毛发主要通过三种途径:经血液循环进入,经汗腺、皮脂腺等分泌进入,或经被动污染进入,随着时间的推移,进而沉积在毛髓质和毛皮质中。已有的研究表明,毛发中的角蛋白和黑色素是毒品进入毛发的结合位点,而黑色素(一类化学结构极其复杂的类多酚聚合体)与药物的结合能力最强。大部分毒品在与毛发结合后可以稳定地存在,检测时限可达数月甚至数年。

• 毛发检测操作方法

在进行头发分析时,通常选取头顶后部(脑后枕部)的头发,贴紧头皮剪取,采集直径3~4毫米的毛发束或发根3厘米段的头发不少于200毫克。与头部其他区域相比,该区域的毛发生长速度变化较小,生长期毛发数量更恒定，毛发受年龄和性别相关影响较小。取得的毛发检材应使用锡箔纸或纸质信封包装，在室温条件下干燥通风处保存。毛发检材处理过程大致分为以下几个步骤：清洗、消解、提取、仪器分析。首先，为减少基体杂质干扰并区分外源性毒品和内源性毒品，避免假阳性结果，对送检毛发进行清洗。由于毒品进入毛发后包埋在毛发的角蛋白中，因此需要通过消解使目标物从毛发中游离出来。消解前通常会将毛发剪成 1～2 毫米的小段，以增大毛发的表面积，并利用研磨珠与毛发一起涡旋研磨处理，使毛发中的目标物尽可能释放出来。常用的消解方法主要有：碱解、酸解、酶解和甲醇超声法。近年来，液/质联用技术不受待测物分子量、挥发性、热稳定性的限制，分析范围更广，应用更加广泛，已经成为毒品分析的主流技术手段。其他仪器分析方法还有气/质联用技术，但操作相对复杂，所需样本量大，一般进样前还需对样品进行衍生化处理。

在吸毒案件的毒品证据检测时，最常见的检测方法是利用各种毒品检测试剂对提取的尿液、唾液、血液等进行检测。但是在实际的工作中，体液这种生物检材不便于保存、极易受到污染、其中的毒品代谢物易挥发，导致有效时间极短，无法证明犯案人员吸毒时间的长短，影响

案件的办理效率。与体液相比，毛发具有以下优势：

毛发分析时限长。普通人的头发生长速度大约为每月0.7～1.4厘米，特殊毛发的生长速度分别为：腋毛0.16毫米/天、阴毛0.20毫米/天、胡须0.27毫米/天；毒品进入毛发后，会随着毛发的生长向前移动。一段时间内，伴随着吸毒人员反复吸食毒品，毛发中也会相应形成"药带"。毒品进入毛发后代谢速度较慢，且主要以原药的形式存在，检测时限能够达到1～6个月，甚至更长时间。依据毛发中是否含有毒品成分的实验室检测结论，可以对吸毒人员滥用毒品的历史进行客观分析，通过对头发不同分段部位的毒品含量、成分进行分析，可以推断吸毒人员数月至数年内使用毒品的性质、种类、滥用量等信息。

毛发分析准确度高。在毒品与毛发结合时，极性更小、脂溶性更强的组分更容易进入毛发，因此毛发中的毒品多以母体形式存在，代谢物含量相对较低，相比其他生物检材，代谢物的干扰更小，结果准确度更高。

头发易于采集样本，并且性质稳定，可以在没有特殊预防措施的情况下储存和运输。剩余样本可用于对检测结果的实验室复检、便捷运输也会对某些案件更有针对性和效率。而且,在用于分析的样本有限的情况下,发根可能会在晚期分解或延迟死亡的情况下提供关键信息。

毛发分析也具有一定的局限性。造成毛发分析结果差异的影响因素很多,包括:种族差异,美发、护发的影响,被动污染,主动扩散,实验方法及操作上的差异,等等。毛发样本的基质的复杂性,使得制备样品需要更长的程序。在进行毛发分析的结果解释时应考虑毛发颜色、毛发生长速度、药物进入毛发的机制、药物在毛干中的稳定性等,结合毛发分析的样本采集、洗脱处理、原药与代谢物的比率等原则进行综合判断。总之,通过实践证明和经验总结,在吸毒案件中毛发检测技术对公安机关查获吸毒团伙和打击隐性的吸毒人员都具有重要意义。

❖❖❖百草枯中毒鉴定

• 夺命百草枯

又有人喝农药了!

这次,是一个年仅13岁的农村女孩儿。仅仅是因为与同学发生了一些不愉快,女孩儿回家后想不开,从窗边摸起一瓶暗绿色的农药,忍受着刺鼻的气味,捏着鼻子喝

了下去。

喝完农药的女孩儿根本没意识到自己究竟做了什么。她可能不知道这是多么可怕的剧毒,她拍下照片,发给同学,说:"我在家喝药了。"收到照片的同学很快反应过来,第一时间通知了老师,家长收到老师的通知后,第一时间赶回家带着孩子去了县城的医院进行洗胃,但是几天后女孩儿最终还是没有逃过这一劫。随后,法医提取了女孩儿的血液和尿液,送到法医鉴定中心检测农药成分,结果发现在女孩儿的血液和尿液中均检出百草枯成分。但是,现场发现的药瓶商标明明是"草甘膦"啊,为什么和检测结果不一致呢?

• **有效除草剂,无解致命毒**

百草枯,又名克芜踪、对草快,我国台湾省称巴拉刈,属联吡啶类化合物,被广泛用于农业和园艺除草,以及大豆、棉花、西红柿等作物的催枯,世界农业曾经因为百草枯而向前迈进了一大步。百草枯在 1882 年被首度合成,最初用作化学指示剂,1962 年,由英国的 ICI 公司(先正达公司前身)首先注册并开始生产百草枯作为除草剂。百草枯能被植物的茎叶迅速吸收,使杂草很快枯黄死亡,遇土后又能快速分解,极少残留,不伤害农作物根部,有助于保护土壤的结构和寄主植物的生物多样性。由于具有广谱、高效、价格低廉、对土壤环境无害的特性,百草枯很快成为全世界使用最多的除草剂之一,被世界各国争相引进。当百草枯进入中国时,中国正处在快速城市化的进程中,农村劳动力稀缺,农业的劳动成本越来越高,而百草枯的出现,有效地提高了作物的产量,同时减少了劳动和材料成本。于是,百草枯自然地出现在农民的仓库里、床底下、窗台上,成为留守在农村的老人、女性等为数不多的劳动力的得力助手。

百草枯虽然对于农业生产大有裨益,却对人畜毒性极大,并且没有特效解毒药,口服中毒死亡率可达90%以上,它可通过皮肤黏膜、胃肠道和呼吸道吸收,对皮肤、眼睛和口腔黏膜具有腐蚀性,会导致类似碱性腐蚀的损伤。皮肤接触百草枯后可能发生干裂,眼睛接触后可引起结膜炎和角膜炎,呼吸道吸入者有鼻、喉部刺激症状。当误服百草枯时,首先会出现呼吸道症状,表现为咳嗽、咳痰、呼吸困难,同时口腔和食道开始溃烂,吞咽变困难,扁桃体极速膨胀,消化道出血;严重者可出现食管黏膜表层剥脱。但这还不是百草枯真正的目标,它会随血液分布到全身各处器官。多个脏器会因为它而功能受损,肺部和肾脏是百草枯损伤的最主要的靶器官。肺的损伤主要表

现为胸痛及呼吸困难等,至数天后出现肺纤维化,而此延迟的症状可能会影响到急性百草枯中毒的判断。百草枯中毒还可出现血尿、蛋白尿及脓尿、尿素氮升高,并逐渐发生肾衰竭,严重者出现少尿、肝功能异常,如门冬氨酸氨基转移酶、丙氨酸氨基转移酶值升高,迁延中毒可引起咳嗽、气急、呼吸窘迫、发绀,严重者呼吸困难,肺水肿,直至呼吸衰竭而死亡。更残忍的是,百草枯对中枢神经损伤有限,在整个过程的大部分时间中,患者都意识清醒,能真切地感受到从身体各处传来的疼痛,却无能为力。他们无法痛快地结束一切,而是清醒地挣扎着。人的生命力伴随着痛苦的加剧一点点流逝,仿佛正在经历一场残酷的"活埋"。

• **百草枯中毒鉴定**

那么在法医实践中,怎么确定中毒者是百草枯中毒呢?因为百草枯进入体内后大部分以原型物随粪、尿排出,所以对于怀疑百草枯中毒者可以取血液、尿液和粪便进行毒物分析,而中毒致死者,可以取肌肉组织进行分析。因为肺和肾中百草枯浓度最高,所以尸检中也要提取肺和肾作为检材,皮肤接触中毒者要取局部皮肤作为检材。尿液可进行快速筛检:在 10 毫升尿液中加入 2 毫升新鲜配制的连二亚硫酸钠和氢氧化钠混合溶液,如蓝色则表明百草枯为阳性,但是这种方法仅在百草枯浓度超过一定程度时有效,所以只能作为初步的筛查手段,而常用定性和定量分析则需要通过液相色谱-质谱联用分析等方法进行检测。

而在法医病理检验中,百草枯中毒的特征性病变主要包括两方面:消化道黏膜损伤和肺损伤。消化道黏膜损伤包括口、食管、喉和上部气管黏膜严重充血,并且可能覆盖有黄绿色上皮脱落。胃黏膜容易充血,并可能伴有一些小的出血点。肺损伤包括肺泡上皮细胞变性、脱落、坏死,肺泡腔内出血,可见以中性粒细胞为主的炎细胞浸润,纤维素渗出,肺泡透明膜形成。如存活稍长者,肺泡腔内渗出物开始机化,纤维细胞肥大,分泌胶原纤维,形成稀疏的纤维组织,可见马松体样纤维化结节形成。当损伤到肾时,肾可呈苍白、肿胀状。电镜能观察到肝内毛细胆管扩张,微绒毛减少等。肾上腺皮质坏死,肾小管坏死,出现管型,心肌纤维灶性坏死、心肌炎,肝细胞脂肪变性、坏死、淤胆,肺动脉中层增厚,明显脑水肿等改变。对于中度中毒而存活时间更长的案例,尸检所见不同。

百草枯的毒性为什么这么强?这得从它的原理说起。百草枯的主要有效成分是甲基紫精,在化学上可以

作为氧化还原指示剂,常常在实验中作为电子供体。它可以抓取游离的电子,并运输到其他位置。换句话说,它很容易破坏正常的电子传递,扰乱人体内部规律的生物反应。线粒体是人体内细胞进行有氧呼吸的主要场所,在反应过程中会产生游离电子。电子在传递过程中释放出能量被用于合成 ATP,成为机体的能量来源。当百草枯"抓住"这些游离电子时,电子传递链就会失效,导致 ATP 无法合成,机体失去能量供给。而且,这些被捕获的电子被释放后,百草枯本身又恢复了原状态,可以继续捕获电子,破坏平衡,形成一个极具破坏性的循环。这就是百草枯与其他农药最主要的区别。其他农药导致中毒通常是农药本身与身体内的某些化合物进行反应,农药在反应过程中会被消耗。而百草枯在人体内不会因为这些反应被消耗,它以类似催化剂的身份参与其中,能带来持续性的破坏。引起肺、肾、肝等组织器官细胞膜脂质过氧化,造成组织细胞损伤甚至多脏器功能衰竭。另外,人体肺部容易把百草枯中的甲基紫精分子误认为是另一种内源性物质,将其吸收到肺泡细胞里,导致百草枯在肺部组织中浓度异常高,所以肺对百草枯极其敏感,即使不是直接接触,百草枯中毒后的幸存者其肺部也将在 5~10 天内不可逆地快速纤维化。

·关不住的凶手

为何毒性如此之强的百草枯，过去会在市面上大肆流通、任意买卖呢？——因为除了是毒药，百草枯还是一种很好用的除草剂。为了防止误食，根据农药强制标准，百草枯在生产时必须被染成墨绿色，同时添加臭味剂让它闻起来很恶心，添加催吐剂，入口后很短的时间内，会导致人体强烈呕吐。即便如此，百草枯仍然在不停地夺人性命。目前，百草枯在约100个国家和地区被允许销售和使用，在20多个国家和地区禁止或者严格限制使用。我国自2014年7月1日起撤销了百草枯水剂登记和生产许可。2016年7月1日起，停止百草枯水剂在国内的销售和使用。2020年9月25日，农业农村部再次提出《关于切实加强百草枯专项整治工作的通知》，此后我国市场上不再允许出现百草枯，无论是水剂还是胶剂。这则通知里不仅提到要加强对其他除草剂产品的监督抽查，防止非法添加百草枯成分，还强调了对生产原料的监管与信息监测。

然而，禁令推出后，在临床急诊和法医毒物实践中，百草枯中毒事件确实在减少，但并未消失。在很长一段时间里，市面上依旧有各种渠道可以购买到这种被禁止销售的产品，它常常被"隐性"地添加至各种"贴牌"的除

草剂中,这也就是开篇故事中女孩喝下的农药瓶身写着草甘膦,实际却是百草枯的原因。百草枯中毒事件依旧未从我们的视野中彻底消失,所以我们还是需要对百草枯的毒性足够重视,并继续进行必要的宣传。

正义之镜——法医学司法鉴定

法医学是正义的守护者,是真相的追寻者。
　　——埃德蒙·洛卡特(Edmund Locard)

▶▶法医学司法鉴定概述

➡➡法医学司法鉴定的概念

司法鉴定是指在诉讼活动中鉴定人运用科学技术或者专门知识对诉讼涉及的专门性问题进行鉴别和判断并提供鉴定意见的活动。《中华人民共和国刑事诉讼法》规定:"为了查明案情,需要解决案件中某些专门性问题的时候,应当指派、聘请有专门知识的人进行鉴定。"《中华人民共和国民事诉讼法》和《中华人民共和国行政诉讼法》对司法鉴定也有类似的规定。在诉讼过程中,需解决

的专门性问题很多,法医学司法鉴定是指运用法医学的理论和方法,以人体为鉴定对象,解决与法律有关的人身伤亡和生理病理状态等专门性问题的鉴定。如对死亡原因和死亡时间进行鉴定,对现场遗留的血斑和唾液斑进行鉴定以明确其个体来源,对人体受到的损伤程度或伤残等级进行鉴定,为刑事责任的认定及民事赔偿提供依据。

➡➡法医学司法鉴定的种类

依据鉴定技术方法的科学基础进行分类,法医学司法鉴定有法医病理学鉴定、法医临床学鉴定、法医物证学鉴定、法医毒物学鉴定、司法精神病学鉴定等。法医病理学鉴定通过尸表检查、尸体解剖及病理学检验,探明死亡原因、死亡机制、死亡时间、致死工具、死亡方式等专门性问题。法医临床学鉴定通过活体检查、影像学检查等确定人体损伤程度、损伤时间、伤残等级、劳动能力、性功能问题等。法医物证学鉴定主要是对与案件有关的人体生物性检材进行检验,以进行个体识别和亲缘关系鉴定。法医毒物学鉴定主要解决是否中毒、毒物类型、摄入途径、中毒对机体的影响等。司法精神病学鉴定运用精神病学知识,确定与案件有关的人员的精神状态和法律能力,包括刑事责任能力、民事行为能力、服刑能力、作证能力等。

➡➡法医学司法鉴定的原则

法医学司法鉴定具有科学性、法律性和中立性，这些属性决定了在法医学司法鉴定过程中，必须严格遵守法律法规及以下基本原则：

✥✥依法鉴定原则

从实体到程序，从形式到内容，从技术手段到各项标准必须严格执行各项规定。就专门性问题进行法医学司法鉴定时，必须依照法定职权决定，或者根据当事人、辩护人的请求，由案件的受理机关决定。社会团体和企事业单位、公民个人因需请求鉴定时，原则上由法医学司法鉴定机构决定是否受理。鉴定人受理案件后，应按照法律和规定从事鉴定活动。鉴定种类及鉴定方法应是法律承认的，或经国家技术监督部门批准实施或行业学术委员会认可或推荐的。同时在鉴定过程中必须严格地维护公民的合法权益不受侵犯。

✥✥实事求是原则

实事求是、客观公正是司法鉴定活动的根本准则。法医学司法鉴定过程中，鉴定受理要实事求是，鉴定人在受理案件时，若发现需要鉴定的事项非鉴定人专业所长，或本鉴定机构不具备检验条件时，应拒绝受理。鉴定过

程应按照鉴定客体的本来面貌作出符合实际的分析判断并给出科学意见。每一鉴定意见都应来源于客观实际，来源于对鉴定客体的正确判断，切忌有任何偏见，更不能主观臆断和无知妄断。实事求是原则要求鉴定人在任何情况下都不能受案情、人情、私利、外界压力等因素影响而违背客观事实，造成鉴定意见失误。鉴定人必须对鉴定意见的真实性负责，倘若有意出具虚假鉴定意见，要受到法律追究。

❖❖科学鉴定原则

法医学司法鉴定运用科学技术解决与法律有关的医学问题，因此，鉴定人需尊重科学，秉持科学的态度，运用科学的方法进行鉴定工作，鉴定程序及得出的鉴定意见都必须合乎有关的科学规律和原理。鉴定人在鉴定过程中，切不可以点带面、以表带里，更不能未经检验，就凭经验作出判断。在分析案件过程中，要依据科学原理，阐明各个征象的内部联系，不可超越科学规律，超越事实能证明的限度，作出无科学根据的推理。

❖❖独立鉴定原则

鉴定人一旦被指聘，就必须在法律允许的范围内行使独立鉴定的权力，不得受任何人或任何机构的干扰。

不考虑其他因素,只忠于法律、忠于事实、忠于科学、忠于鉴定人职责。鉴定意见是鉴定人负责制,其他任何人都不能也不该干扰鉴定活动,鉴定机构领导人不能将个人意见强加给鉴定人;若几个鉴定人意见不一致,也不得以少数服从多数的方式统一鉴定意见。

▶▶法医学司法鉴定体制

➡➡我国法医学司法鉴定体制

2005年2月28日,第十届全国人大常委会第十四次会议通过了《关于司法鉴定管理问题的决定》(简称"全国人大2·28决定"),统一了司法鉴定的行业标准和条件,将法医鉴定纳入国家法治化、规范化的发展轨道。2007年7月18日司法部部务会议审议通过《司法鉴定程序通则》,规范了司法鉴定机构和司法鉴定人的司法鉴定活动,保障司法鉴定质量,保障诉讼活动的顺利进行。

我国现行的法医司法鉴定体制主要有两种:

一是司法系统内部的法医学鉴定机构,在我国的公检法司系统均设有专职法医,但根据全国人大2·28决定,人民法院和司法行政部门不得设立鉴定机构,侦查机关根据侦查工作的需要设立的鉴定机构,不得面向社会

接受委托从事司法鉴定业务。公安系统的法医主要针对刑事犯罪、意外灾害进行现场勘验、检验尸体和尸体解剖、活体损伤检查及物证检验,为司法审判提供证据。检察系统的法医主要对刑事检查、监所检查、控告申诉检查等业务部分提交的有关人身伤亡案件进行审查复核,必要时可进行补充鉴定或现场勘查,即进行证据核实。另外对检察机关直接受理、自行侦查的案件进行勘查、活体、尸体、物证检验及鉴定,也参加公安部队对重大案件的现场勘查。法院系统的法医不是鉴定人,而是协助法官对法医学证据材料进行审查、判断与采信的技术法官。法院法医可以说是法官的助理,从事的工作与审判密切相关,在形式上履行的是法官助理的职能,本质上行使的是法官的审查、判断和采信权,即部分裁判权。

二是面向社会服务的法医学司法鉴定机构,接受司法机关、仲裁机构和其他组织或当事人的委托,有偿提供司法鉴定服务的机构。依照全国人大 2·28 决定,部分高等医学院校、科研院所和第三方社会力量(含医疗机构)可设立鉴定机构。截至 2023 年 8 月,在我国司法行政部门注册的法医司法鉴定机构有 3 232 家(中华人民共和国司法部官网数据)。根据其成立的组织或者来源分为四类:第一类,由高等院校、国家科研机构等具有公益性质的事业法人申请成立的司法鉴定机构;第二类,具有公益性质的医疗机构作为事业法人申请成立的司法鉴定机构;第三类,由公司、企业法人或其他营利性组织申请成立的鉴定机构;第四类,由个人或合伙成立的鉴定机构。社会司法鉴定人的工作目标是为了在具体的案件审理过程中帮助法官查明案件事实。我国高校司法鉴定机构的鉴定人多为从事科研或教学的教师,往往具有较高的学历学识和较强的科研能力。社会司法鉴定机构是面向社会的,不隶属于公、检、法部门的鉴定机构,打破了我国一元化的鉴定体制,赋予当事人鉴定委托权、鉴定启动权,在刑事诉讼中对公安、检察机关的鉴定结论有疑问时可自行委托社会司法鉴定机构进行鉴定,同时在民事诉讼、非诉讼案件中满足了当事人日益增多的鉴定需求。

➡➡ 国外法医学司法鉴定体制

大陆法系基于职权主义,司法鉴定管理主要采取由国家进行管理的集中管理模式。相比之下,英美法系国家的司法鉴定管理体系则呈现出一种"分散式"的模式。以下是欧洲、美国、日本法医鉴定体制的简要介绍。

✣✣ 欧洲法医鉴定体制

欧洲是法医学最发达的地区,德国首屈一指。德国

有统一的司法鉴定管理部门——德国司法部，德国的法医学鉴定工作由司法部门指定的各医学院校法医学研究所承担，法院和检察院不设立司法鉴定机构。警察内部虽设有鉴定机构，但大都不对外提供服务，各州警察机关的鉴定机构彼此相互独立，且联邦与各州的司法鉴定机构没有隶属关系。英国有两种法医体制，分别是英格兰、威尔士和北爱尔兰实行的验尸官制度，以及苏格兰实行的检察官制度。英国的司法鉴定管理改革一直在不断调整，其主要体现在刑事案件的司法鉴定管理上，经历了由政府主导到市场化再到逐步转向统一监管的改革之路。意大利是欧洲大学法医学研究所制度的典型代表。意大利的法医学研究机构较为特殊，除在大学设立法医学研究所外，在市医院法医学与社会保险科也设有法医学研究机构。尸体检查由法官委托法医研究所进行，在没有研究所的地方，由市医院法医学与社会保险科负责。

✥✥ 美国法医鉴定体制

美国的司法鉴定管理属于典型的分散型管理体制，既有法医局制又有验尸官制和私人公司制，各系统相互独立。近年来，验尸官制度逐渐被法医局所取代。法医学鉴定的最高机构有军事病理研究所，受理涉及军人的案件，以及联邦调查局，受理联邦的疑难案件。美国各州的县、市都设立法医局,但归属部门因州而异,有的州归属于警察局,有的州归属于政府,有的州则归属于医学学院或司法部门。法医局下设法医处、法化处、行动处等部门,主要负责死因鉴定、物证提取、检验、保存及现场勘查等工作。法医局接到警方通知后,其调查部门派调查员了解案情,并进行现场勘查、检验及解剖尸体。法医局的法医有权出具死亡证明书,确定死因及死亡方式。若发现死亡与犯罪有关,则立即通知州检察官,若发现死亡与工业危害、传染病、有害毒物及交通事故等有关,则通知有关政府部门。

❖❖❖日本法医鉴定体制

由于历史原因,日本的证据制度和司法鉴定体制带有明显的大陆法系和英美法系相互交融的特点,其中立性和独立性,是日本法医从事司法鉴定的一个十分重要的前提条件。日本的法医学历经一百多年的发展,形成了一套符合国情、相对成熟的体系。从事司法鉴定的机构主要有三大类:大学高等教学机构、科学警察系统和社会研究机构。目前,日本没有全国统一的司法鉴定管理机构,涉及司法鉴定管理、有一定规模的全国性管理体系有科学警察体系、学会管理体系、监察医务院和警察医体系。

在日本，有权进行正式法医鉴定的只有大学医学院的法医学教授或监察医务院的法医师，而这两者均不隶属于警察机关。日本警察机关也设有技术部门，但只进行除尸体解剖、法医病理学以外的鉴定，无权进行法医鉴定。日本法医鉴定体制是侦鉴分离，专职法医不承担出现场勘查的任务，这样便产生了检视官制度，也称警察医制度，隶属于警察系统。其主要任务是现场勘查、尸表检查、区分案件性质，参加司法解剖。以尸体解剖中的司法解剖为例，日本的医师法规定，非正常死亡必须在24小时内报告，检察官在尸表检视后如怀疑涉及犯罪，即全面介入案件的调查，并向法院申请"司法解剖许可状"，必须取得法院的"司法解剖许可状"后才可以委托司法解剖。在司法解剖中，法医只接受检察官的委托（在实务中也有检察官通过警察委托进行司法解剖的现象）。

▶▶法医学司法鉴定人

受司法机关的指派或聘请，用自己的专门知识对案件中的法医学问题进行鉴定活动的人，称为法医学司法鉴定人。目前，我国的法医学司法鉴定人有两种：一种是在公安、检察等侦查机关的鉴定机构中从业的法医学司法鉴定人；一种是在司法行政管理部门注册，取得了执业资格和鉴定资格，在法医学鉴定机构从业的法医学鉴定人。

➡➡法医学司法鉴定人的条件

我国的相关法律规定，鉴定人必须具备解决专门性问题的知识和技能，且通过考试或考核取得司法鉴定人执业资格证书，能够对案件中的专门性问题作出科学的鉴定意见。其次，鉴定人与案件无利害关系，保证其能够客观公正地进行鉴定。如果鉴定人是案件当事人的亲属，或有其他利害关系，在存在法定回避的情况下，鉴定人应主动予以回避。此外，鉴定人是自然人，不是法人。鉴定人的鉴定活动仅能代表其本人而不代表鉴定机关。鉴定意见由鉴定人自己负责，鉴定意见必须有鉴定人本人签名方具有法律效力。若案件由多个鉴定人共同完成，可相互讨论，意见一致可共同写出鉴定意见；意见不一致则每个鉴定人可写出自己的鉴定意见。

➡➡法医学司法鉴定人的权利

鉴定人享有一定的诉讼权利，有权要求鉴定委托人提供鉴定所需的有关材料，查阅鉴定必需的案卷，询问与鉴定相关的当事人、证人、勘验人；有权参加现场勘验、检查和侦查实验；鉴定人有权要求进一步明确鉴定目的或

补充鉴定所需材料；鉴定人有权通过委托机关通知被鉴定人到指定地点接受检查；鉴定人有权向委托机关了解鉴定后的案件处理情况；对不合法、不具备鉴定条件或者超出其职责范围、技术能力的鉴定，鉴定人有权不予受理；司法鉴定人对鉴定结果有异议的，可以保留不同意见；对侵犯鉴定人独立鉴定权的行为有权提出控告；有权按规定获取鉴定报酬；以及依法享有的其他权利。

➡➡法医学司法鉴定人的义务

鉴定人在接受指派或聘请后，对委托的案件依法进行鉴定，完成鉴定意见书并签名盖章；鉴定人应把鉴定书及时送达委托机关，无正当理由不得拖延。司法人员就鉴定书中的问题提出询问时，鉴定人应当积极配合据实答复；鉴定人必须遵守法律法规、职业道德和执业纪律，对涉及的国家秘密、商业秘密、工作秘密、个人隐私予以保密；要妥善保管提交鉴定的物品和材料，不得弄虚作假；鉴定人有出庭质证的义务，我国法律规定：公诉人、当事人或辩护人、诉讼代理人对鉴定意见有异议，人民法院认为鉴定人有必要出庭的，鉴定人应当出庭作证。经人民法院通知，鉴定人拒不出庭作证的，鉴定意见不得作为定案的根据。

➡➡法医学司法鉴定人的职业道德

鉴定的公正性来源于鉴定人有良好的职业道德。鉴定人应树立为社会主义建设服务、为维护社会稳定服务的思想。鉴定人应严格遵守国家法律、法规、规章,严格依据事实和法律从事鉴定活动。鉴定人必须坚持原则、忠于职守,严格按照鉴定程序从事鉴定工作,不受任何行政的、经济的和其他方面的干预。鉴定人在执业活动中必须公正廉洁,勤于进取,不徇私情,不谋私利,尽职尽责地为委托方提供鉴定服务。鉴定人必须保守在执业活动中知悉的国家机密、商业秘密,充分尊重当事人的个人隐私,维护国家权益和委托方的合法权益。鉴定人应当努力钻研和掌握执业所需的专业知识、服务技能和有关法律知识,提高执业水平,确保鉴定质量。鉴定人的职业道德可概括为:实事求是、忠于事实真相;刚直公正、不畏权势、不顾情面;廉洁奉公、不谋权利、保持清白;尊重科学、努力钻研、精益求精。

▶▶法医学司法鉴定程序

鉴定程序是对鉴定过程的一种法律规定,凡是进入诉讼程序的法医学司法鉴定都必须按程序规定进行操作;诉前鉴定或非诉讼案件的鉴定,也应参照执行。

➡➡法医学司法鉴定的委托

我国法律规定：公诉案件在侦查阶段，只有公安机关、国家安全机关、人民检察院可作委托主体，在审判阶段，人民法院是委托主体。在诉讼案件中，犯罪嫌疑人、被告人、被害人和代理人等都仅有向司法机关提出补充鉴定或重新鉴定的申请权。诉讼案件的法医学司法鉴定接受司法机关或律师的委托，非诉讼案件的法医学司法鉴定接受行政机关、企事业单位、社会团体和个人的委托。根据《司法鉴定管理通则》的规定，凡是提出鉴定委托的司法机关、行政机关、企事业单位、社会团体和个人，应当出具鉴定委托书，填写鉴定机构提供的委托鉴定登记表。

➡➡法医学司法鉴定的受理

鉴定人作为法医学鉴定的主体，受理司法机关、行政机关、企事业单位、社会团体和个人的鉴定委托，运用专门知识或技能，对受理的案件进行鉴定。在受理案件时，鉴定人首先应明确委托要求和鉴定目的，认真了解案情，审核委托方提供的鉴定材料是否合法、完整、充分，检材是否具备检验条件，鉴定项目是否需要增加，根据鉴定机构及鉴定人的资格和权限评估是否具备受理条件。对于决定受理的鉴定委托,鉴定人到鉴定机构内部管理部门进行登记编号等手续;对于决定不予受理的鉴定委托,应向鉴定委托方说明理由。

➡➡法医学司法鉴定的实施

鉴定实施的主体是鉴定人,核心是鉴定方案。鉴定人根据委托鉴定目的和要求,制订鉴定方案。鉴定方案的选择和制订遵循以下原则:

鉴定标准化原则。如果国家或行业有相应的标准或规范,应按国家标准、行业标准、技术规范的顺序依次选择鉴定方案,并按照规定进行操作。若遇到疑难复杂案件,没有标准规范,需要引用国内外最新科技手段,所选择的技术方案必须有出处,或经过专家组验证。

检材无损化原则。所选鉴定方案必须对检材进行保全,除非实施鉴定必须破坏检材,否则不得破坏。检材和样本采用合适方法进行保存,以防止污染、降解、腐败等。

检验系统化原则。涉及多种鉴定方法时,要考虑有序、系统的技术路线,既节约检材又能高效率完成鉴定。

鉴定高效率原则。在保证鉴定正确的前提下,优先选择灵敏度高、特异性好、耗时少、成本低的鉴定方案。

➡➡法医学司法鉴定意见

鉴定意见是鉴定人对委托鉴定事项进行检验、分析后作出的结论性的书面判断意见。我国法律规定,鉴定活动结束后,鉴定人应当以书面形式出具鉴定意见。鉴定意见可帮助办案人员重建案发过程,确定行为人的身份,查明作案手段和方法,确定责任事故的原因,为案件的侦查提供线索。《中华人民共和国刑事诉讼法》《中华人民共和国民事诉讼法》《中华人民共和国行政诉讼法》都把鉴定意见视为一种独立的诉讼证据种类。鉴定意见经过法庭质证后可以起到证据作用,为法庭审判提供科学证据。鉴定意见也是查明案件事实、确定案件性质、明确责任的重要依据,如刑事案件中的法医学司法鉴定可以确定人身伤害的有无和轻重,民事案件中的亲子鉴定可以确定亲子关系,等等。此外,由于鉴定意见具有科学性,成为审查和判断其他证据真实性的重要手段。如物证或书证的真伪,有时需要鉴定手段进行鉴别。

培育正义使者的殿堂——法医学高等教育

在法医学的世界里，每一个证据都有其独特的故事。

——约翰·格拉森（John Glassen）

▶▶我国法医学教育模式

➡➡晋祠会议——我国现代法医学高等教育的第一个里程碑

1983年10月26日，教育部联合公安部、司法部、卫生部、最高人民法院和最高人民检察院（简称四部两院），在太原召开了"全国高等法医学专业教育座谈会"。该会议被誉为现代法医学高等教育发展史上的一个重要里程碑。会议讨论了我国高等法医学专业教育现有的主要问题，就如何加强法医学学科建设、改善办学条件、编写专

业教材、增加法医学必修课等提出重要意见。会后四部两院合签了座谈会纪要"关于加强我国高等法医学专业教育的初步意见"。1984年3月，成立"全国法医学专业教学教材工作协作组"，现称"教育部法医学专业教学指导委员会"，自此迎来了我国高等法医学专业教育的新高潮。

1984年7月，卫生部和教育部确定在中山医科大学、华西医科大学、上海医科大学、中国医科大学、同济医科大学、西安医科大学六所医科大学开设法医学专业，建立法医学系，招收法医学专业学生，并拨专款用于法医学专业的基础建设和设备配置。另在山西、昆明和皖南三个医学院由省政府拨专款先后建立法医学系，洛阳医专也设立法医学专业。中国刑事警察学院设立了包括法医学和化学两个专业的法化系。

"晋祠会议"的召开，是我国高等法医学专业教育快速发展的起点，建立了适合我国国情、以本科教育为核心，具有中国特色的法医学专业人才培养模式，解决了多年来我国高等法医学专业人才短缺的难题，促进了我国法医学学科整体水平的提高。

2023年10月16日，全国法医学领域的专家学者再度齐聚山西太原，于"中国法医学科学技术发展论坛"回顾四十年来我国法医学教育、科研和社会服务所取得的丰硕成果，深刻剖析面临的新任务和新挑战，为法医学学科发展擘画出新的宏伟蓝图。会议期间，与会学者们群策群力、各抒己见，达成共识，颁布了"中国法医学晋祠宣言"。

➡➡一级学科1012——我国现代法医学高等教育第二个里程碑

学科专业目录是知识分类和社会需求的基本体现，是国家引导高校学科专业建设和规范研究生培养工作的基本依据。高等院校及科研机构将学科专业目录作为指挥棒，依据学科专业目录开展招生、培养、学位授予等工作。改革开放以来，我国研究生学科专业目录已经过四次修订。医学门类最初下设有基础医学、临床医学、公共卫生与预防医学、中医、中西医结合、药学六个一级学科，而后依次增设了口腔医学、中药学、特种医学、医学技术、护理学五个一级学科。

在《学位授予和人才培养学科目录（2018年4月更新）》中，法医学被列为特种医学中的二级学科。2022年，国务院学位委员会、教育部完成了新一轮医学门类学科

专业目录修订,印发新版《研究生教育学科专业目录》,法医学从特种医学学科中分化出来成为一级学科,学科代码是1012。法医学升级为一级学科,旨在满足我国法治社会建设对相关人才的迫切需求,这充分体现了国家学科专业目录设置遵循学科专业发展规律和人才培养规律,主动服务国家战略和经济社会发展需求的鲜明导向。

法医学作为鉴识学科,融合了基础医学、临床医学、生物学、法学及其他自然科学的理论与技术。作为国家医学,法医学对国家安全、社会治理及平安中国建设至关重要,在全面推进法治国家进程中发挥着不可替代的重要作用。法医学科独立成为医学门类下的一级学科,可谓我国法医学高等教育发展的第二个重要里程碑,意味着法医学学科发展迎来了重要战略机遇期,对法医学专业人才培养质量提出了更高标准和要求。

➡➡**国内开设法医学本科专业的院校**

我国的法医学本科教育主要分布在医学高等院校,随着高校教学改革的深入发展和社会对法医学专业人才的需求增多,全国招收法医学专业本科生的院校增至36所,每年各院校招生人数基本在30～120。

在这些院校中,2019年入选国家首批一流法医学专业建设点的院校有四川大学、中山大学、河北医科大学、中国医科大学、山西医科大学，之后在11所高校新增国家级一流专业建设点。目前法医学专业共有16所国家级一流专业建设点高校，8所省级一流专业建设点高校（表1）。法医学高等教育的发展为我国培养了大批法医学专业人才，服务于国家司法建设，为维护司法公平公正和人民利益做出了重要贡献。

表1　国内开设法医学专业本科教育的高校（36所）

专业建设点	高校
国家级一流专业建设点（16所）	四川大学、中山大学、河北医科大学、山西医科大学、中国医科大学、西安交通大学、复旦大学、华中科技大学、中南大学、苏州大学、南方医科大学、南京医科大学、昆明医科大学、皖南医学院、贵州医科大学、重庆医科大学
省级一流专业建设点（8所）	内蒙古医科大学、河北北方学院、河南科技大学、新乡医学院、济宁医学院、遵义医科大学、川北医学院、新疆医科大学
其他（12所）	哈尔滨医科大学、内蒙古科技大学、川北医学院、西南医科大学、贵州中医药大学、安徽医科大学、赣南医学院、温州医科大学、广西医科大学、广东医科大学、杭州医学院、中国刑事警察学院（第二学位）

➡➡**法医学本科教育培养方案及课程设置**

法医学专业本科教育的培养目标是培养适应我国法医学事业发展和法治建设需要，坚持中国共产党领导，坚持社会主义制度，德智体美劳全面发展，掌握系统的法医学理论知识及基本技能，具有自主学习、终身学习和基本检案能力，秉持科学、公平、公正和法治精神，具有良好职业素质、人文科学素养和社会责任感，具备创新精神，能够在公检法司部门、司法鉴定机构、高等院校等机构从事法医学教学、科研、鉴定及相关工作的高素质专门人才。

法医学专业本科一般学制是五年，所学主干学科有基础医学、临床医学、法医学。核心课程有系统解剖学、局部解剖学、组织学与胚胎学、生理学、生物化学与分子生物学、医学微生物学、医学寄生虫学、医学免疫学、病理学、病理生理学、药理学、诊断学、医学影像学、内科学、外科学、妇产科学、儿科学、法医学导论、法医法学与司法鉴定学、法医病理学、法医临床学、法医物证学、法医毒理学、法医毒物分析、法医精神病学、法医人类学、法医昆虫与微生物学、刑事科学技术等。主要实践环节包括在医院进行一个学期的临床医学实习，以及在司法法医鉴定机构进行将近一年的法医学实习。毕业前须通过毕业实践论文答辩和毕业考试,合格后方可取得医学本科毕业证书和医学学士学位。

➡➡法医学研究生教育

在我国,研究生教育是法医学专业学生毕业后教育的主要形式。法医学专业研究生教育开始于20世纪50年代,军事医学科学院孔禄卿、陈康颐教授培养了我国第一批法医学专业研究生。研究生教育的发展是在20世纪80年代,在1981年起,原中山医科大学和中国医科大学首先开始培养法医学专业硕士研究生,1983年后,陕西、湖北、四川、上海、浙江、贵州、江苏、山西等地的医学院校也陆续招收法医学专业硕士研究生。1986年,国务院学位委员会批准原中山医科大学法医学系和中国医科大学法医学系为法医学专业的首批博士学位授予单位。至今已有22所高校为法医学博士授予单位,49所高校为法医学硕士学位授予单位(表2)。

通过研究生阶段的培养,法医学子应能掌握基础医学、临床医学和法医学专业的基础知识和生命科学的基本理论和研究技能,把握法医学发展趋势,具有追踪法医

表2　国内开设法医学研究生教育的高校

院校名称	硕士	博士	院校名称	硕士	博士
中国医科大学	√	√	哈尔滨医科大学	√	√
吉林大学	√	—	锦州医科大学	√	—
中国刑事警察学院	√	—	北华大学	√	—
延边大学	√	—	佳木斯大学	√	—
河北医科大学	√	√	山西医科大学	√	√
河北北方学院	√	—	新乡医学院	√	—
河南科技大学	√	—	郑州大学	√	—
华中科技大学	√	√	中南大学	√	√
南华大学	√	—	中山大学	√	√
南方医科大学	√	√	汕头大学	√	√
海南医学院	√	—	赣南医学院	√	—
浙江大学	√	—	复旦大学	√	√
苏州大学	√	√	南京医科大学	√	√
温州医科大学	√	—	南通大学	√	—
徐州医科大学	√	—	青岛大学	√	√
山东第一医科大学	√	—	潍坊医学院	√	—
山东大学（环境法医学）	√	√	滨州医学院（来华留学硕士）	√	—
皖南医学院	√	—	西安交通大学	√	√
第四军医大学	√	√	宁夏医科大学	√	—
内蒙古医科大学	√	—	青海大学	√	—
新疆医科大学	√	—	四川大学	√	√
重庆医科大学	√	√	川北医学院	√	—
西南医科大学	√	—	贵州医科大学	√	√
遵义医科大学	√	—	昆明医科大学	√	√
大理大学大学	√				

注：√表示开设相关教育课程。

学相关专业最新进展并不断更新知识网络的能力,能够独立开展科学研究,能深刻理解研究课题的前沿,能用英语熟练阅读本专业的文献资料,具有一定的写作能力和进行国际学术交流的能力。能熟练运用计算机和现代信息工具,成为能胜任在公检法司部门、司法鉴定机构、高等院校等机构从事法医学教学、科研、鉴定等相关工作的创新型人才。

硕士研究生学制为三年,博士研究生学制三年或四年,硕博连读学制为五年。在研究生阶段,需开展法医学相关研究,并取得一些研究成果,如发表学术论文、授权发明专利等,方可授予相应的硕士或博士学位。目前,我国自主培养的大批法医学专业博士、硕士分布在国家各级法医学专业队伍中,在学科建设、学术研究、科学办案等方面发挥了积极作用。

▶▶国外法医学教育模式

国外一些大学中建有法医学研究所,研究所承担法医学教育的任务,主要是针对医学系和法医学系本科生开设法医学必修课,一般授课时数为 30～50 学时。1986 年,欧洲共同体 11 个国家的法医学代表在西班牙塞维利亚召开法医学教育大会,会上签署了有关法医学教

育的塞维利亚决议。决议中要求对于医学系学生，法医学是重要的必修课，最少60学时，应包括死亡的法医学检查、法医临床学、法医毒物学、血清学、医事法学与伦理学，课程结束时考试。对于法学系学生，法医学的学时数最低为30学时，内容包括熟悉法医学的各种术语、死亡学、法医临床学、法医精神病学及中毒学，课程结束时考试。

国外大多数国家未设置法医学本科教育，法医人才的来源主要依靠毕业后教育。因此大多数法医学研究所设有毕业后教育课程，主要是法医病理学。在规定时间内修完法医学相关课程并参加法医检案实践，最后通过考试取得国家有关部门颁发的法医学专业医师证书。

➡➡**德国**

德国各大学法医学研究所均承担在校生的法医学教育，法医学是医学生的必修课，作为国家考试科目，课程结束后要参加国家考试。医学生如不能按规定参加法医学学习并参加考试获得合格，则不能得到医师执照。医学生毕业后若想获得法医学专业医师证书，需进行毕业后教育五年，其中精神病学半年，病理学一年，法医学研究所三年半，培训内容包括法医解剖技术、死因鉴定及法医病理学有关的因果关系鉴定等。还需完成法医解剖500例、临床病理解剖100例、复杂法医学问题的书面鉴定30例等。培训完全结束后再通过面试考试即可获得法医学医师证书。

➡➡英国

英国的法医学教育主要为毕业后教育，专业医师可通过参加培训和考试获得法医师证书。法医师证书分为临床法医师证书和法医病理医师证书，报考临床法医师证书者须有从事与刑法或民法有关医疗实践至少一年的职业经历，报考法医病理医师证书者须有三年病理或法医学科工作经历。

➡➡美国

美国的法医病理医师证书由美国病理学委员会负责。申请者首先须取得病理医师资格，取得该资格须通过三年病理解剖或三年临床病理培训，并考试合格。获得病理医师资格后再到法医局进修一年法医病理，完成500例法医解剖。如一年内仅完成250～350例解剖，则应包括与这些解剖有关的现场勘查经验。还应有4～8周用于毒物学、人类学、枪支和痕迹检验实验室实习。持有病理医师合格证书，经毕业后医学教育资格审查委员

会核准后才能参加考试,考试合格后获得法医病理医师证书。

➡➡日本

日本主要城市的大学都设置有法医学教室,负责本科生法医学教学与司法解剖。法医学为医学生的必修课,医学生获得医师资格后,在法医学教室进行司法解剖培训或攻读法医学专业博士学位获得法医学专业医师资格。

▶▶我国法医学司法鉴定执业资格的取得途径

司法鉴定执业资格的取得途径遵循司法鉴定人准入制度,即司法鉴定人员从业资格的取得制度,相关人员经过法律知识和专业知识的考核获得从业资格。"司法鉴定人执业证"是司法鉴定人获准行政许可依法开展司法鉴定执业活动的有效证件。司法部负责全国司法鉴定人的登记管理工作,省级司法行政机关负责本行政区域内司法鉴定人的登记管理工作。

按照全国人大2·28决定的规定,满足下列条件之一的人员,可以申请登记从事司法鉴定业务:具有与所申请从事的司法鉴定业务相关的高级专业技术职称;具有与所申请从事的司法鉴定业务相关的专业执业资格或者高等院校相关专业本科以上学历,从事相关工作五年以上;具有与所申请从事的司法鉴定业务相关工作十年以上经历,具有较强的专业技能。同时规定了因故意犯罪或者职务过失犯罪受过刑事处罚的、受过开除公职处分的、被撤销鉴定人登记的人员,不得从事司法鉴定业务。

▶▶法医学专业学生毕业后的就业方向

随着我国法治化建设进程的不断深入,国家和社会对法医学专业毕业生的需求不断增加,毕业生处于供不应求的状态。法医学专业毕业生可在全国各级公安部门、检察院、司法机关、鉴定机构、医院、高等院校及保险公司等从事法医学鉴定、医疗服务、法医学及医学科研、教学、保险服务等工作。若想进入公检法部门工作,须参加国家或省级公务员考试。

根据"中国法医学会全国第二十一届法医临床学学术研讨会"报告,目前法医学专业毕业生的就业趋势为:约40%的毕业生选择进入公安机关和司法鉴定机构就职;约20%的毕业生选择继续学习进行法医学的深造;约

10%的毕业生选择进入法庭科学实验室为法医学技术更新作出贡献；约15%的毕业生选择转行或学习基础医学学科或进入医院对医疗器械进行核损。

参考文献

[1] 丛斌,宋随民.廓清法医学学科体系 完善法医学概念内涵[J].中国法医学杂志,2019,34(2):109-112.

[2] 丛斌.法医学科学技术体系基本架构[J].中国法医学杂志,2024,39(1):5-7.

[3] 侯一平,云利兵,诸红,等.我国法医学人才培养发展战略研究[J].中国工程科学,2019,21(2):84-88.

[4] 李淑瑾,马春玲,丛斌.基于OBE理念构建一流法医学专业人才培养体系[J].中国法医学杂志,2021,36(6):638-642.

[5] 王磊.我国司法鉴定人准入制度研究[D].西南政法大学,2016.

[6] 中国法医学会,教育部高等学校法医学类专业教学指导委员会.中国法医学会晋祠宣言[J].法医学杂志,2023,39(5):431-432.

[7] 丁梅.法医学概论[M].5版.北京:人民卫生出版社,2016.

[8] 丛斌,黄瑞亭.中国古代法医学与社会治理关系史[M].1版.北京:学苑出版社,2022.

[9] 赵虎,刘超.高级法医[M].3版.郑州:郑州大学出版社,2021.

[10] 丛斌,李桢,马春玲.世界法医学概览[M]1版.郑州:郑州大学出版社,2023.

[11] 丛斌,张林.法医学[M].8版.北京:人民卫生出版社,2024.

[12] 成建定,刘超.猝死法医病理学[M].1版.广州:中山大学出版社,2015.

[13] 龚志锦,詹镕洲.病理组织制片和染色技术[M].上海:上海科学技术出版社,1993.

[14] 吕途,杨超朋,何光龙,等.虚拟解剖:形成公安新质战斗力的法医学路径[J].中国法医学杂志,2024,39(6):649-659.

[15] 官大威,赵锐,王林林.法医学损伤时间推断:过

去、现在与未来[J].法医学杂志,2019,35(2):131-135.

[16] 赵虎,刘超.高级法医学[M].3版.郑州:郑州大学出版社,2021.

[17] 王亚辉,万雷,郭昱成.法医学活体年龄研究前沿[M].北京:科学出版社,2023.

[18] 邓振华.法医影像学[M].北京:人民卫生出版社,2018.

[19] 侯一平.法医物证学[M].4版.北京:人民卫生出版社,2016年3月

[20] A J JEFFREYS,J F BROOKFIELD,R SEMEONOFF.Positive identification of an immigration test-case using human DNA fingerprints[J].Nature,1985,317(6040):818-819.

[21] 张振华.白银往事[J].方圆,2017,21:10-27.

[22] 朱波峰,郭瑜鑫,李淑瑾,等."法医系谱学瓜熟蒂落"解读[J].科学通报,2019,64(22):2274-2278.

[23] C ARNOLD.Crimefighting with family trees[J].Nature,2020,585:178-181.

[24] 沈臻懿."DNA+AI"重构嫌疑人画像[J].检察风云,2021,12:32-33.

[25] M A MENOTTI-RAYMOND, V A DAVID, S J OBRIEN. Pet cat hair implicates murder suspect [J]. Nature, 1997, 386(6627):774.

[26] 梁蕾. 豆荚作证[J]. 现代世界警察. 2017, 6: 80-83.

[27] 李淑瑾, 豆书杰, 丛斌. 我国非人源法医遗传学鉴识研究的成果、挑战与展望[J]. 中国法医学杂志, 2022, 37(3):217-222+231.

[28] 陈学国, 常靖, 邹波, 等. 常见毒蕈毒素中毒与检测技术研究进展[J]. 刑事技术, 2020, 45（6）: 622-629.

[29] 杨小林, 席焕久, 温有锋, 等. 人类毛发的形态学研究及法医学意义[J]. 解剖科学进展, 2011, 17(1):86-89.

[30] 陈航. 审判之秤——称量辨案的质谱技术[J]. 中学科技, 2022, (20):13-17.

[31] 谢双双. "邮票"中麦角酰二乙胺的 GC-MS 分析[J]. 中国药物依赖性杂志, 2023, 32（4）:342-343+350.

[32] 汤珊, 李春晓, 张运阁. 生物样品中麦角酰二乙胺检测方法研究进展[J]. 中国司法鉴定, 2020,

(4):31-38.

[33] 凌顺,颜丽萍.急性百草枯中毒机制的研究进展[J].世界最新医学信息文摘,2016,16(A0):57-58.

[34] 汪娟.串联质谱技术在法医毒物鉴定中的优势[J].工业微生物,2024,54(2):173-175.

[35] 季佳华,张云峰,邹波,等.敞开式离子化质谱在法庭毒物分析中的应用[J].分析测试学报,2024,43(12):1997-2007.

"走进大学"丛书书目

什么是地质?	殷长春	吉林大学地球探测科学与技术学院教授(作序)
	曾　勇	中国矿业大学资源与地球科学学院教授
		首届国家级普通高校教学名师
	刘志新	中国矿业大学资源与地球科学学院副院长、教授
什么是物理学?	孙　平	山东师范大学物理与电子科学学院教授
	李　健	山东师范大学物理与电子科学学院教授
什么是化学?	陶胜洋	大连理工大学化工学院副院长、教授
	王玉超	大连理工大学化工学院副教授
	张利静	大连理工大学化工学院副教授
什么是数学?	梁　进	同济大学数学科学学院教授
什么是统计学?	王兆军	南开大学统计与数据科学学院执行院长、教授
什么是大气科学?	黄建平	中国科学院院士
		国家杰出青年科学基金获得者
	刘玉芝	兰州大学大气科学学院教授
	张国龙	兰州大学西部生态安全协同创新中心工程师
什么是生物科学?	赵　帅	广西大学亚热带农业生物资源保护与利用国家重点实验室副研究员
	赵心清	上海交通大学微生物代谢国家重点实验室教授
	冯家勋	广西大学亚热带农业生物资源保护与利用国家重点实验室二级教授
什么是地理学?	段玉山	华东师范大学地理科学学院教授
	张佳琦	华东师范大学地理科学学院讲师
什么是机械?	邓宗全	中国工程院院士
		哈尔滨工业大学机电工程学院教授(作序)
	王德伦	大连理工大学机械工程学院教授
		全国机械原理教学研究会理事长
什么是材料?	赵　杰	大连理工大学材料科学与工程学院教授

什么是金属材料工程?		
	王　清	大连理工大学材料科学与工程学院教授
	李佳艳	大连理工大学材料科学与工程学院副教授
	董红刚	大连理工大学材料科学与工程学院党委书记、教授(主审)
	陈国清	大连理工大学材料科学与工程学院副院长、教授(主审)
什么是功能材料?		
	李晓娜	大连理工大学材料科学与工程学院教授
	董红刚	大连理工大学材料科学与工程学院党委书记、教授(主审)
	陈国清	大连理工大学材料科学与工程学院副院长、教授(主审)
什么是自动化?	王　伟	大连理工大学控制科学与工程学院教授
		国家杰出青年科学基金获得者(主审)
	王宏伟	大连理工大学控制科学与工程学院教授
	王　东	大连理工大学控制科学与工程学院教授
	夏　浩	大连理工大学控制科学与工程学院院长、教授
什么是计算机?	嵩　天	北京理工大学网络空间安全学院副院长、教授
什么是网络安全?		
	杨义先	北京邮电大学网络空间安全学院教授
	钮心忻	北京邮电大学网络空间安全学院教授
什么是人工智能?	江　贺	大连理工大学人工智能大连研究院院长、教授
		国家优秀青年科学基金获得者
	任志磊	大连理工大学软件学院教授
什么是土木工程?		
	李宏男	大连理工大学土木工程学院教授
		国家杰出青年科学基金获得者
什么是水利?	张　弛	大连理工大学建设工程学部部长、教授
		国家杰出青年科学基金获得者
什么是化学工程?		
	贺高红	大连理工大学化工学院教授
		国家杰出青年科学基金获得者
	李祥村	大连理工大学化工学院副教授
什么是矿业?	万志军	中国矿业大学矿业工程学院副院长、教授
		入选教育部"新世纪优秀人才支持计划"
什么是纺织?	伏广伟	中国纺织工程学会理事长(作序)
	郑来久	大连工业大学纺织与材料工程学院二级教授

什么是轻工？	石　碧	中国工程院院士
		四川大学轻纺与食品学院教授（作序）
	平清伟	大连工业大学轻工与化学工程学院教授

什么是海洋工程？
　　　　　　　柳淑学　大连理工大学水利工程学院研究员
　　　　　　　　　　　入选教育部"新世纪优秀人才支持计划"
　　　　　　　李金宣　大连理工大学水利工程学院副教授

什么是海洋科学？
　　　　　　　管长龙　中国海洋大学海洋与大气学院名誉院长、教授

什么是船舶与海洋工程？
　　　　　　　张桂勇　大连理工大学船舶工程学院院长、教授
　　　　　　　　　　　国家杰出青年科学基金获得者
　　　　　　　汪　骥　大连理工大学船舶工程学院副院长、教授

什么是航空航天？
　　　　　　　万志强　北京航空航天大学航空科学与工程学院副院长、教授
　　　　　　　杨　超　北京航空航天大学航空科学与工程学院教授
　　　　　　　　　　　入选教育部"新世纪优秀人才支持计划"

什么是生物医学工程？
　　　　　　　万遂人　东南大学生物科学与医学工程学院教授
　　　　　　　　　　　中国生物医学工程学会副理事长（作序）
　　　　　　　邱天爽　大连理工大学生物医学工程学院教授
　　　　　　　刘　蓉　大连理工大学生物医学工程学院副教授
　　　　　　　齐莉萍　大连理工大学生物医学工程学院副教授

什么是食品科学与工程？
　　　　　　　朱蓓薇　中国工程院院士
　　　　　　　　　　　大连工业大学食品学院教授

什么是建筑？　齐　康　中国科学院院士
　　　　　　　　　　　东南大学建筑研究所所长、教授（作序）
　　　　　　　唐　建　大连理工大学建筑与艺术学院院长、教授

什么是生物工程？贾凌云　大连理工大学生物工程学院院长、教授
　　　　　　　　　　　入选教育部"新世纪优秀人才支持计划"
　　　　　　　袁文杰　大连理工大学生物工程学院副院长、副教授

什么是物流管理与工程？		
	刘志学	华中科技大学管理学院二级教授、博士生导师
	刘伟华	天津大学运营与供应链管理系主任、讲席教授、博士生导师国家级青年人才计划入选者
什么是哲学？	林德宏	南京大学哲学系教授
		南京大学人文社会科学荣誉资深教授
	刘　鹏	南京大学哲学系副主任、副教授
什么是经济学？	原毅军	大连理工大学经济管理学院教授
什么是数字贸易？		
	马述忠	浙江大学中国数字贸易研究院院长、教授（作序）
	王群伟	南京航空航天大学经济与管理学院院长、教授
	马晓平	南京航空航天大学经济与管理学院副教授
什么是经济与贸易？		
	黄卫平	中国人民大学经济学院原院长
		中国人民大学教授（主审）
	黄　剑	中国人民大学经济学博士暨世界经济研究中心研究员
什么是社会学？	张建明	中国人民大学党委原常务副书记、教授（作序）
	陈劲松	中国人民大学社会与人口学院教授
	仲婧然	中国人民大学社会与人口学院博士研究生
	陈含章	中国人民大学社会与人口学院硕士研究生
什么是民族学？	南文渊	大连民族大学东北少数民族研究院教授
什么是公安学？	靳高风	中国人民公安大学犯罪学学院院长、教授
	李姝音	中国人民公安大学犯罪学学院副教授
什么是法学？	陈柏峰	中南财经政法大学法学院院长、教授
		第九届"全国杰出青年法学家"
什么是教育学？	孙阳春	大连理工大学高等教育研究院教授
	林　杰	大连理工大学高等教育研究院副教授
什么是小学教育？	刘　慧	首都师范大学初等教育学院教授
什么是体育学？	于素梅	中国教育科学研究院体育美育教育研究所副所长、研究员
	王昌友	怀化学院体育与健康学院副教授
什么是心理学？	李　焰	清华大学学生心理发展指导中心主任、教授（主审）
	于　晶	辽宁师范大学教育学院教授

什么是中国语言文学？
　　　　　　　赵小琪　广东培正学院人文学院特聘教授
　　　　　　　　　　　武汉大学文学院教授
　　　　　　　谭元亨　华南理工大学新闻与传播学院二级教授
什么是新闻传播学？
　　　　　　　陈力丹　四川大学讲席教授
　　　　　　　　　　　中国人民大学荣誉一级教授
　　　　　　　陈俊妮　中央民族大学新闻与传播学院副教授
什么是历史学？张耕华　华东师范大学历史学系教授
什么是林学？　张凌云　北京林业大学林学院教授
　　　　　　　张新娜　北京林业大学林学院副教授
什么是动物医学？
　　　　　　　陈启军　沈阳农业大学校长、教授
　　　　　　　　　　　国家杰出青年科学基金获得者
　　　　　　　　　　　"新世纪百千万人才工程"国家级人选
　　　　　　　高维凡　曾任沈阳农业大学动物科学与医学学院副教授
　　　　　　　吴长德　沈阳农业大学动物科学与医学学院教授
　　　　　　　姜　宁　沈阳农业大学动物科学与医学学院教授
什么是农学？　陈温福　中国工程院院士
　　　　　　　　　　　沈阳农业大学农学院教授（主审）
　　　　　　　于海秋　沈阳农业大学农学院院长、教授
　　　　　　　周宇飞　沈阳农业大学农学院副教授
　　　　　　　徐正进　沈阳农业大学农学院教授
什么是植物生产？
　　　　　　　李天来　中国工程院院士
　　　　　　　　　　　沈阳农业大学园艺学院教授
什么是医学？　任守双　哈尔滨医科大学马克思主义学院教授
什么是中医学？贾春华　北京中医药大学中医学院教授
　　　　　　　李　湛　北京中医药大学岐黄国医班（九年制）博士研究生
什么是法医学？丛　斌　中国工程院院士
　　　　　　　　　　　河北医科大学法医学院院长、教授（主审）
　　　　　　　李淑瑾　河北医科大学法医学院常务副院长、二级教授
什么是口腔医学？
　　　　　　　韩向龙　四川大学华西口腔医学院院长、教授（主审）
　　　　　　　张凌琳　四川大学华西口腔医学院口腔内科学系主任、教授

什么是公共卫生与预防医学？
　　　　　　　刘剑君　中国疾病预防控制中心副主任、研究生院执行院长
　　　　　　　刘　珏　北京大学公共卫生学院研究员
　　　　　　　么鸿雁　中国疾病预防控制中心研究员
　　　　　　　张　晖　全国科学技术名词审定委员会事务中心副主任
什么是药学？尤启冬　中国药科大学药学院教授
　　　　　　　郭小可　中国药科大学药学院副教授
什么是护理学？姜安丽　海军军医大学护理学院教授
　　　　　　　周兰姝　海军军医大学护理学院教授
　　　　　　　刘　霖　海军军医大学护理学院副教授
什么是管理学？齐丽云　大连理工大学经济管理学院副教授
　　　　　　　汪克夷　大连理工大学经济管理学院教授

什么是图书情报与档案管理？
　　　　　　　李　刚　南京大学信息管理学院教授
什么是电子商务？李　琪　西安交通大学经济与金融学院二级教授
　　　　　　　彭丽芳　厦门大学管理学院教授
什么是工业工程？郑　力　清华大学副校长、教授（作序）
　　　　　　　周德群　南京航空航天大学经济与管理学院院长、二级教授
　　　　　　　欧阳林寒　南京航空航天大学经济与管理学院研究员
什么是艺术学？梁　玖　北京师范大学艺术与传媒学院教授
什么是戏剧与影视学？
　　　　　　　梁振华　北京师范大学文学院教授、影视编剧、制片人
什么是设计学？李砚祖　清华大学美术学院教授
　　　　　　　朱怡芳　中国艺术研究院副研究员
什么是有机化学？

　　　［英］格雷厄姆·帕特里克（作者）
　　　　　　　西苏格兰大学有机化学和药物化学讲师
　　　刘　春（译者）
　　　　　　　大连理工大学化工学院教授
　　　高欣钦（译者）
　　　　　　　大连理工大学化工学院副教授

什么是晶体学？ [英]A. M. 格拉泽(作者)

　　　　　　　牛津大学物理学荣誉教授

　　　　　　　华威大学客座教授

　　　刘　涛(译者)

　　　　　　　大连理工大学化工学院教授

　　　赵　亮(译者)

　　　　　　　大连理工大学化工学院副研究员

什么是三角学？ [加]格伦·范·布鲁梅伦(作者)

　　　　　　　奎斯特大学数学系协调员

　　　　　　　加拿大数学史与哲学学会前主席

　　　雷逢春(译者)

　　　　　　　大连理工大学数学科学学院教授

　　　李风玲(译者)

　　　　　　　大连理工大学数学科学学院教授

什么是对称学？ [英]伊恩·斯图尔特(作者)

　　　　　　　英国皇家学会会员

　　　　　　　华威大学数学专业荣誉教授

　　　刘西民(译者)

　　　　　　　大连理工大学数学科学学院教授

　　　李风玲(译者)

　　　　　　　大连理工大学数学科学学院教授

什么是麻醉学？ [英]艾登·奥唐纳(作者)

　　　　　　　英国皇家麻醉师学院研究员

　　　　　　　澳大利亚和新西兰麻醉师学院研究员

　　　毕聪杰(译者)

　　　　　　　大连理工大学附属中心医院麻醉科副主任、主任医师

　　　　　　　大连市青年才俊

什么是药品？ [英]莱斯·艾弗森(作者)

　　　　　　　牛津大学药理学系客座教授

　　　　　　　剑桥大学 MRC 神经化学药理学组前主任

　　　程　昉(译者)

　　　　　　　大连理工大学化工学院药学系教授

张立军（译者）
> 大连市第三人民医院主任医师、专业技术二级教授
> "兴辽英才计划"领军医学名家

什么是哺乳动物？

[英]T. S. 肯普（作者）
> 牛津大学圣约翰学院荣誉研究员
> 曾任牛津大学自然历史博物馆动物学系讲师
> 牛津大学动物学藏品馆长

田　天（译者）
> 大连理工大学环境学院副教授

王鹤霏（译者）
> 国家海洋环境监测中心工程师

什么是兽医学？

[英]詹姆斯·耶茨（作者）
> 英国皇家动物保护协会首席兽医官
> 英国皇家兽医学院执业成员、官方兽医

马　莉（译者）
> 大连理工大学外国语学院副教授

什么是生物多样性保护？

[英]大卫·W. 麦克唐纳（作者）
> 牛津大学野生动物保护研究室主任
> 达尔文咨询委员会主席

杨　君（译者）
> 大连理工大学生物工程学院党委书记、教授
> 辽宁省生物实验教学示范中心主任

张　正（译者）
> 大连理工大学生物工程学院博士研究生

王梓丞（译者）
> 美国俄勒冈州立大学理学院微生物学系学生